こども ぼうさい・あんぜん 絵じてん

渡邉正樹 監修　三省堂編修所 編

三省堂

この絵じてんの特長と使いかた

ようちえんや ほいくえん、がっこうで じしんが きたら
えんや がっこうに いるときでも じしんは くるかもしれないね。おちついて みを まもるには どうしたら いいのかな。
えんや がっこうに いるとき、じしんが おきたら、まずは おちついて せんせいの いうとおりに しましょう。せんせいが いないときも、あわてずに つくえのしたに もぐったり、あたまを かかえて みを かがめたりして、じしんが おさまるのを まちましょう。
きょうしつのなかに いるとき
たなから はなれる
たなが たおれて したじきに なることが あるので、たなから はなれよう。
まどから はなれる
ガラスが われることが あるので、まどから はなれよう。
つくえのしたに もぐる
まどガラスの はへんや、しょうめいきぐなどが おちてくるかもしれない。つくえのしたに もぐったら、つくえの あしを もち、ゆれが おさまるのを まとう。
たいいくかんに いるとき
ゆれが おさまってから ひなんするとき
102

タイトル

その見開きで取り上げたテーマを示しています。

リード文

テーマに関連して、大人が子どもに伝えたいことや子どもと一緒におこないたいことを子どもに語りかける内容です。

1 交通安全から、防災、防犯まで、6つの章に分けて紹介

交通安全、身のまわりの事故や火事、自然災害（大雨、台風、雷、大雪、竜巻、地震、津波、火山の噴火）や犯罪から身を守る方法など、安全、防災、防犯のさまざまな事柄について取り上げています。

2 絵本感覚で読めるわかりやすいイラスト

イラストをメインに構成しているので、防災・防犯などのテーマに初めて触れる子どもも、絵を見て理解することができます。

3 本文はすべてひらがな・カタカナ

幼児の「読んでみたい」という気持ちに応えられるよう、子ども向けの本文はすべてひらがな・カタカナで表記しています。

こうていに いるとき

こうしゃの まどガラスが われたり、かべが こわれたりすることが あるので、こうていの まんなかに あつまろう。

いどうするときは、ヘルメットや ぼうさいずきんで あたまを まもり、ひとを おしたり、はしったりせず、ひなんしましょう。

おうちのかたへ

地震が起きた時は、どのような状況でも、「物が落ちてこない」「倒れてこない」「移動してこない」場所に素早く身を寄せて安全を確保することが大切です。園や学校の廊下や階段で地震にあった場合、近くの教室の机の下に隠れるか、窓ガラスやロッカーから離れて揺れがおさまるのを待ちます。また、体育館では、照明器具やバスケットボールのゴールの落下などには十分に気をつけましょう。学校や園の中でも、必ず先生が子どもの近くにいるとは限らないため、地震が起きた時、子どもが自分で考えて行動できるように、日頃から家族で話をしておくことが大切です。

103

おうちのかたへ

各テーマの内容について、本文で説明できなかった事柄の補足や、防災や防犯を実践するためのヒントなど、大人向けの情報をまとめました。

防災や防犯に関係することばを紹介

各章の本文に出てきた用語や、各章のテーマに関係することばの意味を、イラストとともに解説しています。

あめ、かぜ、ゆき、かみなりに かんけいすることば①

ごうう

はげしく たくさん ふる あめのこと。あるばしょで なんじかんか つよく たくさん ふる あめを しゅうちゅうごうと いう。また、せまい ばしょで きゅうに みじかい じかん はげしく ふる あめを きょくちてきおおあめと いう。きょくちてきおおあめのことを ゲリラごうとも よび、よそくするのは むずかしい。

こうずい

あめや ゆきどけによって かわの みずが いっきに ふえて かわから あふれること。あふれた みずが まちに おしよせることも ある。

かんすい

こうずいのために、どうろ、たんぼ、はたけなどが みずに つかること。

あめの つよさ

てんきよほうでは、あめの つよさを 1じかんに ふる あめの りょうで あらわす。

やや つよい あめ
1じかんに 10〜20ミリ ふる あめ。ザーザーと ふる。

つよい あめ
1じかんに 20〜30ミリ ふる あめ。どしゃぶりで かさを さしていても ぬれる。

はげしい あめ
1じかんに 30〜50ミリ ふる あめ。バケツを ひっくりかえしたように ふり、どうろが かわのように なる。

ひじょうに はげしい あめ
1じかんに 50〜80ミリ ふる あめ。たきのように ふり、かさは やくに たたない。

もうれつな あめ
1じかんに 80ミリいじょう ふる あめ。いきぐるしくなるような はげしさで、あめによる さまざまな さいがいが おきやすくなる。

ていぼう

かわや うみの みずが まちや むらに はいってこないように、つくられたもの。

88

あめ、かぜ、ゆき、かみなりに かんけいすることば②

ていきあつ

みずを ふくんだ くうきが、まわりから ふきこんで そらに のぼり、くもが できやすい。ていきあつの ちかくは てんきが わるい。たいふうは、ていきあつの なかま。こうきあつは、はんたいに、そらから どんどん くうきが おりてきて、よく はれて くもが できにくい。

ヘクトパスカル

くうきの あつりょく（きあつ）を あらわす。たいふうの きあつが、まわりの ばしょより ひくければ ひくいほど かぜが つよくなる。

よそうしんろ

たいふうの いきさきを、よそうしたもの。

よほうえん
たいふうの ちゅうしんが とおると よそうされた はんい。

たいふうの ちから

かぜの つよさと おおきさで あらわすことが できる。

かぜの つよさ
1びょうかんに かぜが すすむ はやさで あらわす。1びょうかんに 15メートルいじょう すすむ かぜを きょうふう、25メートルいじょう すすむ かぜを ぼうふうと いう。

・ふうそく33メートルから 44メートルまでを つよい たいふうと よぶ。
・ふうそく44メートルから 54メートルまでを ひじょうに つよい たいふうと よぶ。
・ふうそく54メートルいじょうを もうれつな たいふうと よぶ。

おおきさ
1びょうかんに 15メートルいじょうの かぜが ふく ばしょの ひろさで あらわす。

おおがた たいふう
1000キロメートルから 1600キロメートルの えんのなかで つよい かぜが ふく。

ちょうおおがた たいふう
1600キロメートルいじょうの えんのなかで つよい かぜが ふく。

89

4 見開き単位の構成でどこからでも読める

1テーマ1見開きで構成しているので、子どもが興味を持ったどのテーマからでも読むことができます。

もくじ

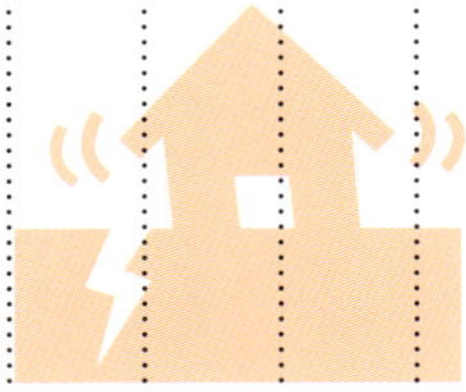

1 いのちを まもるって どんなこと？

あんぜんって なんだろう

ようちえんや ほいくえん、
がっこうに かよいながら、 まいにち
げんきに すごすためには どんなことに
きを つけたら いいのかな。

けがを したり あぶない めに
あったりすることなく
まいにちを すごせたら
どんなに しあわせなことでしょう。
あんぜんに まいにちを すごすには
どうしたら よいのでしょうか。

ルールを きちんと まもったり
まわりに きを つけたりすることは、
じぶんや ともだちの
あんぜんに やくだちます。
ちいさな ちゅういが
おおきな じこを
ふせぐことも あるのです。

じてんしゃの のりかたの
ルールを まもる

あそんでいる とちゅうでも
きゅうけいして みずを のむ

でかけるまえに
てんきよほうを みて
てんきに ちゅういする

くるまに
きを つけて あるく

うみや かわで あそぶときは
おとなと いっしょに いく

あんぜんのために
じぶんが できることは
なんなのか
かんがえてみましょう。

おうちのかたへ

子どもたちの周りには常に危険が存在し、時に事故が発生し、重大な怪我につながることもあります。子どもたちを守ることはもちろん、他の人の命も守るために、事件や事故を予防できている状況が安全と呼べるのです。しかし、注意して行動していても、怪我をすることもあります。そんな時にも適切に対処し、被害を最小限にすることも安全の一つの姿です。守ってくれる大人が、いつもそばにいるとは限らないため、子どもが自ら自分の命を守らなければならない場面もあります。子どもたち自身に、安全とは何か、どのように安全を実現すればよいかを学んでほしいと思います。

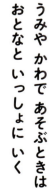

まいにちの くらしと あんぜん

ようちえんや ほいくえん、
がっこうの いきかえりや、
あそびに いった さきなどで、
きを つけることは あるのかな。

いつも とおる なれた どうろや
よく いく ばしょでも
まわりに かくれている きけんに
きづかないことが あります。
きけんな ばしょや
きけんなことに ついて、
それが どうして きけんなのかを
まなぶことは、 みを まもるうえで
とても だいじなことです。

みのまわりの きけんなことや
みを まもる ほうほうを
かぞくと はなしあい、
じぶんでも かんがえてみましょう。

おうちのかたへ

子どもたちの安全な生活を脅かす危険は、通園や通学路、園内や校内など、身近な場所に数多く見られます。事件や事故に発展しそうな「ヒヤリハット」経験もあるでしょう。しかし、「怪我や事件にならなくてよかった」ですませるのではなく、何が原因だったのか、次に同様の場面に出遭った時にはどうすればよいかを学ばなければなりません。特に重大な被害をもたらす事件や事故は、確実に防ぐ必要があります。そのために危険や安全について学ぶ意義があるのです。保護者自身が事件や事故に関心を持ち、子どもたちへ伝えたり、話し合ったりする機会を持つようにしてください。

しぜんとともに いきる

おおあめや たいふう、じしんなどは
ひとの ちからでは とめられないので
しぜんとともに いきるためには
まなぶことが たくさん あるね。

おおあめや たいふう、じしんなどの
しぜんさいがいは とつぜん やってきます。
さいがいに あったときに おちついて、
じぶんの ちからで かんがえて、
じぶんの みを まもれるように なるには
どうしたら よいのか、
どんなそなえが ひつようなのか、
かぞくで はなしあって みましょう。

おうちのかたへ

日本は豊かな自然に恵まれ、四季折々の美しい風景を楽しむことができます。また、その豊かな自然から、私たちは大きな恩恵を受けてきました。しかし、地震、津波、台風などの自然の脅威にさらされ、大きな災害が発生することも少なくなく、そのたびに多くの人々が犠牲となっています。大災害は今日発生するかもしれません。その時、最優先されるべきなのは「命を守ること」です。そのために正しい知識の習得と自ら行動する態度の育成が必要です。自然災害には知っておくべき特徴があります。自分の経験だけに頼るのではなく、親子で一緒に学んでください。

みのまわりの あんぜんに かんけいする ことば

あんぜん

けがを したり きけんな めに
あったりする しんぱいが なく、
あんしんして いられる こと。

ぼうさい

じしんや つなみなどの さいがいから
みを まもるために、
ふだんから じゅんびを しておく こと。

ぼうはん

はんざいから みを まもるために、
ふだんから きを つける こと。

さいがい

じしんや たいふう、
おおあめなどに よる、
ひとの いのちに
かかわる できごと。

じこ

おもいがけない ときに おきる
あぶない できごと。
いのちに かかわる ことも ある。

② きを つけよう こうつうあんぜん

どうろに あるもの

ようちえんや ほいくえん、
がっこうや こうえんに いくとき、
いろんな どうろを とおるね。
どうろには なにが あるのかな。

いえや がっこうの そとに でると、
ひろい どうろや ほそい どうろ、
たくさんの くるまが はしって いる どうろなど
さまざまな どうろが あります。
どうろには しんごうきや ひょうしき、
ガードレールなどが あります。

ほどう
ひとが あるくところ。
くるまが はしる しゃどうと
わけられている。「ガードレール」は、
あるく ひとを まもるために
ほどうと しゃどうの あいだに
とりつけられた さく。

どうろひょうしき
そのどうろの とおりかたの
きまりを おしえる
めじるし。

おうだんほどう
ひとが あんぜんに
どうろを わたるための
しるしが つけられた
ばしょ。

ほどうきょう
あるく ひとが どうろを
わたるための はし。

おうちのかたへ

歩道がある道では歩道を歩くことが交通安全の基本です。とはいえ、ガードレールの有無や、幅の広狭など、歩道の形状もさまざまなので、歩道を歩く際も、常に周囲に気を配ることが大切です。なお、このページのイラストの車道と歩道の間の青色の部分は、自転車専用通行帯です。

路上には、さまざまな種類の道路標識や道路標示があります。実際に子どもと一緒に道を歩いていて、「一時停止」などの道路標識や道路標示があった時には、その標識や標示の意味とその時どうすればよいのかを話しておくとよいでしょう。路上でのルールを路上で身につけるのも大切です。

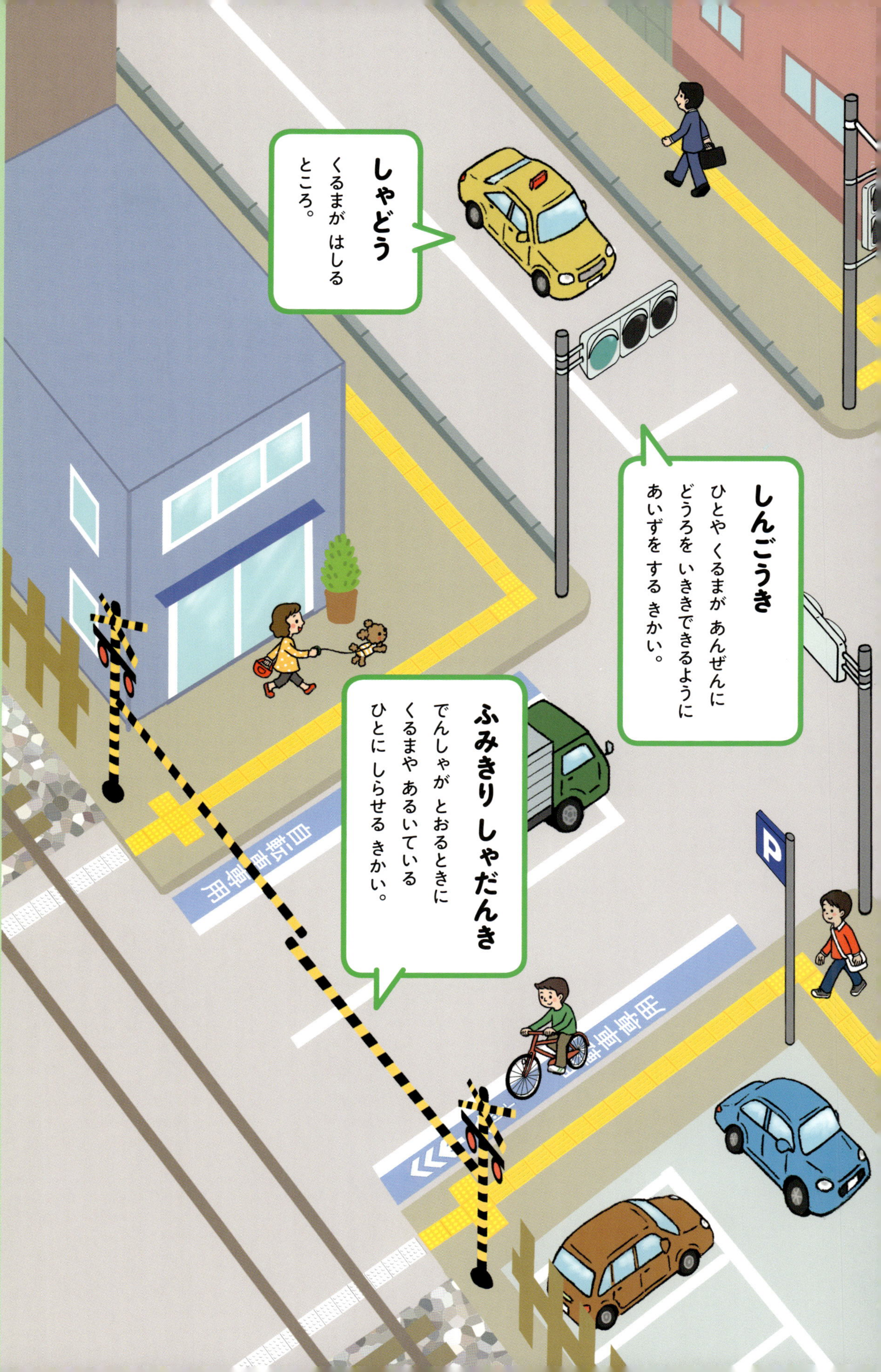

しゃどう
くるまが はしる ところ。
しんごうき
ひとや くるまが あんぜんに どうろを いききできるように あいずを する きかい。
ふみきり しゃだんき
でんしゃが とおるときに くるまや あるいている ひとに しらせる きかい。
自転車専用
自転車専用
P

あんぜんな どうろの あるきかた

ともだちと あそびながら どうろを
あるくと、そばを とおる くるまに
きづかず、あぶないよ。
きを つけようね。

どうろは あるく ひとだけでなく
くるまや じてんしゃに のった
ひとも いききします。
そとを あるくときには、
いつも まわりを よく みながら、
あるきましょう。

いろいろな どうろの あるきかた

ガードレールの ない どうろ

ほどうを あるいていても
くるまが ちかづいてくることも
あるので、できるだけ しゃどうから
はなれて あるくように する。

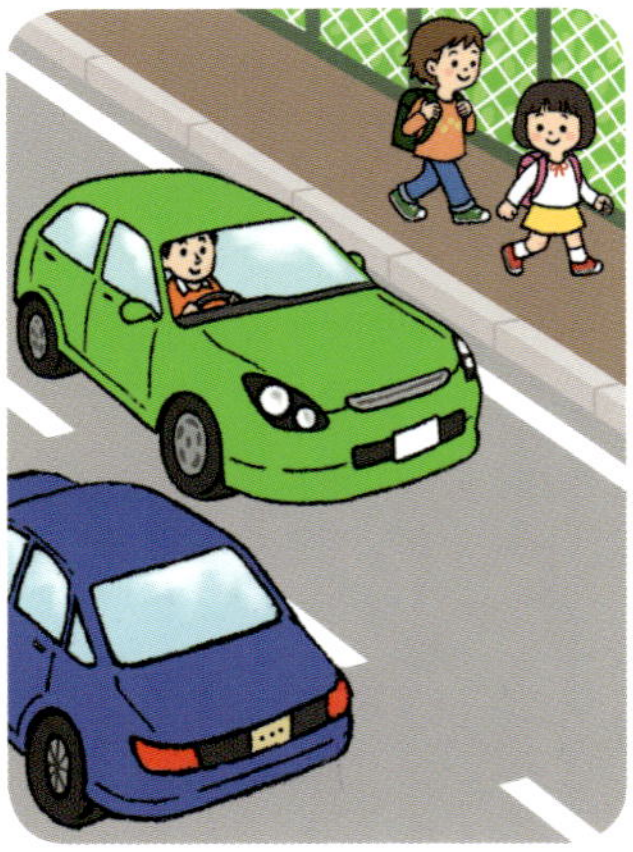

ほどうの ない せまい どうろ

すぐ ちかくを くるまが
はしるので できるだけ
くるまから はなれて あるく。

みとおしの わるい まがりかど

くるまが はしってくるかも
しれないので、まがりかどでは
いちど とまって かならず
さゆうを かくにんする。

あぶない あるきかた

ひろがって あるく

くるまとの きょりが ちかくなって
あぶなかったり、ほかの ひとや
くるまの じゃまに
なったりするので、
いちれつに なって あるく。

ふざけて あるく

どうろで ふざけていると
くるまが きたことに
きづくことが できなくて
あぶないので ふざけないで あるく。

ほんや ゲームを みながら あるく

ほんや ゲームに むちゅうに
なっていると、ころんだり
ぶつかったりして あぶないので
まえを みて あるく。

とびだしに きを つける

ともだちを みつけて とびだしたり
ボールを おいかけて
きゅうに とびだしたりすると
とても きけんです。
どうろに でるときは かならず
いちど とまって まわりを
よく みてから あるきましょう。

おうちのかたへ

子どもに、道を歩く時は車など周囲に気をつけて歩くよう日頃から教えていても、友だちとのおしゃべりに夢中になると、危険な目にあいかねません。危ない行動の具体例をあげ、危険を正しく理解させ、安全な行動をとるように教えましょう。また、ガードレールのない道路や歩道がない道路、車との距離が近くなってしまう狭い道路もあります。そこでは特に、背後や曲がり角から車が来ていないか、常に注意する必要があります。最近では、ハイブリッド車や電気自動車といったエンジン音の小さな車もあり、車が接近したことに気づくのが遅れがちになるため、気をつけましょう。

おうだんほどうの わたりかた

どうろの むこうがわに いきたいとき、
きゅうに とびだしたりしないで
おうだんほどうを つかって
きを つけて わたろうね。

はしっている くるまは
きゅうに とまることが できません。
あぶない めに あわないためにも
おうだんほどうが あるところでも ないところでも
みぎと ひだりを よく みて、どうろを わたりましょう。

ただしい わたりかた

しゃどうから すこし はなれたところで
あおしんごうに なるのを まつ。

あおしんごうに なったら
みぎ、ひだりを みて、
もういちど みぎと ひだりを たしかめる。

くるまが こないことを
たしかめたら
てを あげて わたる。

しんごうが てんめつしたら

もうすぐ あかに なるので
わたらずに まちましょう。

こんなとき どうする？

おうだんほどうに しんごうが ないとき

みぎと ひだりを よく みて
くるまが こないことを
たしかめてから わたる。
くるまが とまっているときは
うんてんしゅに わたることを
つたえるために、てを あげたり
めで あいずを したりするのも よい。

おうだんほどうが とおいとき

くるまが こないと おもっていても
おもわぬところから とびだしてきたり、
とおくに いた くるまが
おもったよりも はやい スピードで
はしってくるかもしれない。
とおくても おうだんほどうを
つかって わたろう。

ほどうきょう

くるまが たくさん とおる
おおきな どうろなどで、
ほどうきょうが あるときは、
すこし とおまわりでも
ほどうきょうを
わたりましょう。

おうちのかたへ

車道に近いところで青信号を待つと、左折しようとする車に巻き込まれる可能性があり、事故につながりかねません。横断歩道で青信号になるのを待つ時は、車道から少し離れた安全な場所に立つようにし、行き交う車に注意するように、日頃から話しておきましょう。

信号のない横断歩道を渡る時は、しっかりと自分で左右を確認してから渡る必要があります。横断歩道ではないところを渡る場合は、思わぬところから車が走ってきて、危ない目にあう可能性があります。少しくらい遠くても、横断歩道を探して道路を渡るように教えておきましょう。

しんごうきの やくそく

あか、あお、きいろ、しんごうきの いろの いみを しっているかな。わたっていいときと いけないときを おしえてくれるんだ。

しんごうきは、あるいている ひとや くるまに のっている ひとが あんぜんに みちを とおるために つくられたものです。どんなに いそいでいても かならず しんごうきの やくそくを まもりましょう。

あるいている ひとが みる しんごうき

あかのとき

わたっては いけない。
あおに なるまで まつ。

あおのとき

くるまが きていないか
みぎ、ひだりを
よく みてから わたる。

てんめつしているとき

もうすぐ あかに かわる あいず。
つぎの あおに なるまで まつ。
わたっている とちゅうで
てんめつしたら いそいで わたる。

くるまを うんてんする ひとが みる しんごうき

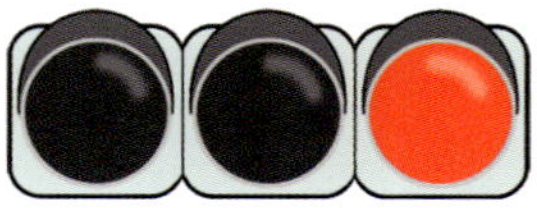

あかのとき

すすんでは いけない。
かならず とまる。

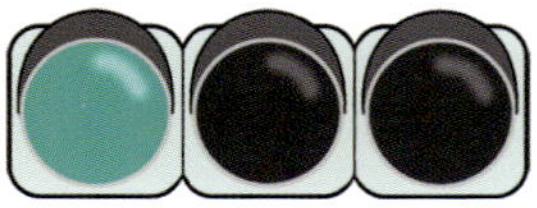

あおのとき

ほかの くるまや
あるいている ひとが
いないか、よく
みてから すすむ。

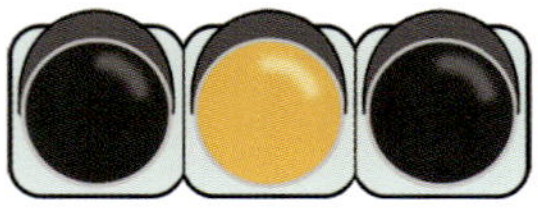

きいろのとき

すすんでは いけない。
すすんでいる とちゅうで
きいろに なったら
そのまま すすむ。

**あるいている ひとのための しんごうが
あおのとき、おなじほうこうに すすむ
くるまのための しんごうも
あおに なります。
そのため、おうだんほどうを
わたっているとき、くるまが
まがってくることが あります。**

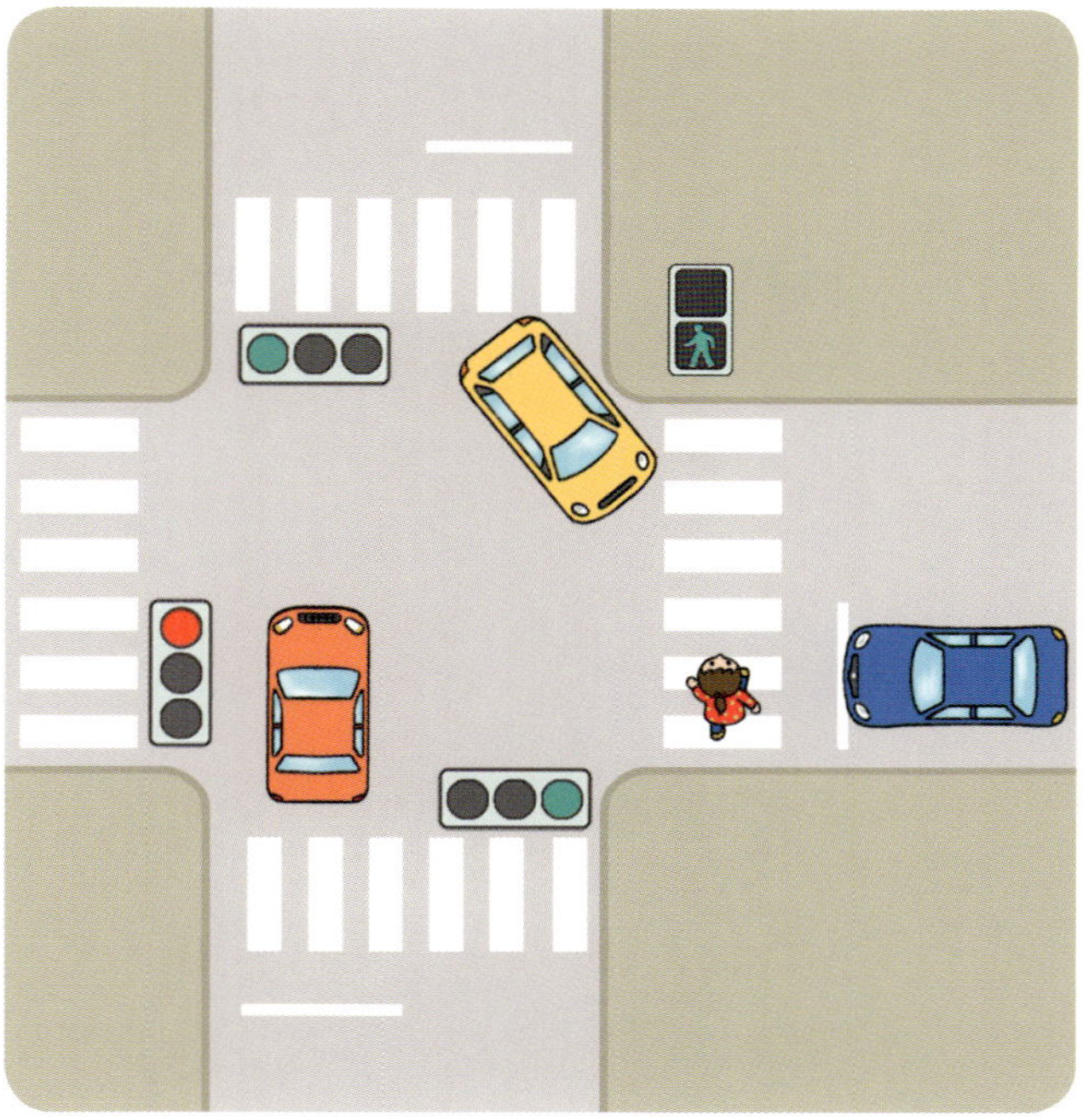

まがってくる くるまに きを つける

まがってくる くるまが
いるかもしれないので、
しんごうが あおに なっても
すぐ とびだしたりせず、
よく みてから わたろう。

わたることを あいずする

わたっているときには
てを あげて、
くるまの うんてんしゅに
めで あいずを しよう。

おうちのかたへ

横断歩道の青信号は、常に安全というわけではありません。車の信号が青から赤に変わる時、車が急いで走り抜けることがあり、非常に危険です。また、左折や右折をしようとする車にも、よく注意しなければなりません。

青信号であっても、歩行者は車の運転手に「渡る」という意思表示をすべきです。子どもは背が低く、運転手からは見えにくいため、手をあげて渡る合図を出したり、アイコンタクトをとったりして、自分が渡ることを運転手に伝える必要があります。青信号が点滅したら渡り始めてはいけません。渡り始めてすぐ点滅したときは引き返しましょう。

くるまに ちゅういする

とまっていると おもっても、くるまは、きゅうに うごきだしたり ドアが あいたりするよ。くるまの そばで あそんでいると、あぶないね。

こどもが くるまの まわりに いても、うんてんせきからは よく みえないことが あります。そのため、うんてんしている ひとは きづかずに くるまを うごかして しまうかもしれません。とまっている くるまでも そばに ちかづくのは やめましょう。

どうろや くるまの そばで あそばない

あそぶのに むちゅうに なると、くるまが うごくのに きづかないことが ある。うんてんしている ひとも、そばに ひとが いるのに きづかないかもしれない。どうろや ちゅうしゃじょうなど くるまの そばでは あそばないように しよう。

まがってくる くるまに きを つける

おおきな くるまが かどを まがるときに そばに いると まきこまれるかもしれない。くるまからは じゅうぶん はなれよう。

とまっている くるまの むこうがわに きを つける。

どうろに くるまが とまっていると そのさきは よく みえない。むこうから べつの くるまが はしってくるかもしれないので とびだしたりしないように しよう。

くらい どうろでは あかるい いろの ふくを きる

ゆうがたや よるに なると あたりが くらくなり、くらい いろの ふくを きた ひとは うんてんしている ひとから きづかれにくい。できるだけ あかるい いろの ふくを きよう。

あめの ひも まわりを よく みて あるく

あめが ふっていると うんてんしている ひとからは そとの ようすが みえにくくなる。あるいている ひとも かさで まえが みえにくいことが あるので、いつもより まわりを よく みて あるこう。

ちゅうしゃじょうでの ちゅうい

くるまから おりたあと、とまっている くるまと くるまの あいだから とびだすと、そこに べつの くるまが きて、あぶない めに あうかもしれません。また、くるまの では いりが おおい でいりぐちに きを つけましょう。

おうちのかたへ

子どもの背丈は駐停車中の車の陰に隠れる高さで、子どもから向こう側が見えないだけでなく、運転手からも子どもの姿が見えにくいため、大変危険です。また、バスを降りた直後に道路を渡ろうとして、バスの後ろから子どもがとびだしたという事例もあります。自分からは見えないところにも危険があることを理解させましょう。

自宅の駐車場も安全ではありません。「車のそばや、駐車場では遊ばない」など、日頃から注意点を子どもに話して聞かせるといいでしょう。また、車の出庫・入庫の際は、安全確認を徹底しておこないましょう。

じてんしゃの のりかたと ルール

じてんしゃに のって とおくまで でかけるのは わくわくするね。
じてんしゃで どうろを はしるときに きを つけることを しっているかな。

じてんしゃで はしると あるくよりも スピードが でるので、きを つけていないと あぶない めに あうことも あります。また、ほかの ひとに けがを させてしまうかも しれません。あんぜんに のるために、のるまえの じゅんびや はしる ばしょについて しっておきましょう。

のるまえの じゅんび

ころんだときに あたまを まもってくれるので ヘルメットを かぶろう。
うごきやすい ふくを きよう。ながい スカートなどは タイヤに まきこまれる かもしれない。
ブレーキが きくかどうか たしかめる。
ライトが つくかどうか たしかめる。
タイヤに くうきが はいっているかどうか たしかめる。
サドルは あしが じめんに つく たかさに しよう。

じてんしゃが はしる ばしょ

こどもは じてんしゃに のっていても ほどう（→16ページ）を はしって よい。

おうだんほどうを とおって どうろを わたるときには かならず じてんしゃから おりて、じてんしゃを おしながら わたろう。

じてんしゃのための とおりみち

じてんしゃのための とくべつな とおりみちが どうろの はしに つくられて いることが あります。 そのとおりみちが あるときには かならず そこを とおりましょう。

おうちのかたへ

道路交通法では、自転車は軽車両に含まれ、車と同じように車道を走ることになっていますが、交通量が多い場合や車道を走ると危険な場合、また13歳未満の子どもは、歩道を走行できます。ただし、歩道を走る時は歩行者優先のため、歩道の車道側を走り、歩行者の通行を妨げないようにしましょう。横断歩道に自転車横断帯がある場合は乗ったまま渡ることができます。また、自転車は定期点検が必要です。ブレーキに不具合はないか、タイヤに空気は入っているかなど、子どもと一緒に点検しましょう。そして、転倒した場合にそなえて、必ずヘルメットを着用して走行させましょう。

じてんしゃで はしる ときの ちゅうい

じてんしゃに のるのは たのしいけど、ともだちと ふたりのりしたり、ならんで はしったり、あぶない のりかたは していないかな。

まちがった じてんしゃの のりかたを すると、じぶんも まわりに いる ひとも けがを するかもしれません。じてんしゃに のるときの やくそくを まもって あんぜんに のりましょう。

ふたりのりは しない

バランスが とれず ころびやすい。ともだちに さそわれても ふたりのりは しない。

ならんで はしらない

くるまや あるいている ひとの じゃまに なり、めいわくなので いちれつに なって はしろう。

かたてうんてんは しない

かたてで ハンドルを もっていると バランスを くずしたり ブレーキを かけられなかったりする。しっかり りょうてで ハンドルを もとう。

スピードを だしすぎない

はやく はしりすぎると すぐに とまることが できない。 くだりざかなど スピードの でやすい ばしょでは じてんしゃを おして あるこう。

まがりかどでは とまる

かどの むこうが わから くるまや じてんしゃや あるいている ひとが でてくるかもしれない。 かならず いちど とまって たしかめてから すすもう。

よるは ライトを つけて はしる

くらい どうろでは ライトで みちを てらして きを つけて はしろう。 ライトを つけていると ほかの ひとに きづいて もらいやすい。

あめの ひは レインコートを きる

かさを さして かたてうんてんを するのは とても きけん。 あめの ひに じてんしゃに のるときは レインコートを きて のろう。

おうちのかたへ

雨の日に傘をさして自転車に乗ることや、走行中のスマートフォンの使用は、法律で禁止されています。また、イヤホンを装着するなど、周りの音や声が十分に聞こえない状態での運転も禁止されている事柄です。そんな自転車が近づいてきた時は、事故に巻き込まれかねないので気をつけましょう。

自転車で歩行者のそばを通る時は、スピードの出し過ぎ、無理な追い越し、ジグザグ運転などをしないよう、気をつけなければなりません。また、曲がり角だけでなく、踏み切りの前や、一時停止すべきところでは、必ず停止し、安全を確認して通ることを、子どもに教えましょう。

くるまに のるときの ちゅうい

くるまに のって かぞくで おでかけ。
みんなが たのしく あんぜんに
くるまに のるには
どうしたら いいのかな。

くるまは とても べんりですが
のっているときや
のりおりするときなど
きを つけないと
あぶない めに
あうことが あります。
くるまに のったら かならず
シートベルトを しめて、
じぶんの せきに すわっていましょう。
もし こうつうじこに あったとしても、
シートベルトを つけていれば
おおけがを ふせぐことが できます。

まえの せきだけでなく
うしろの せきでも
かならず シートベルトを しよう。
ちいさい こどもは せの たかさに
あわせて チャイルドシートを
つかおう。

まどから かおや てを ださない

くるまが はしっているときに
まどから かおや てを だすと
きや かんばんに あたって
けがを することが あるので
ぜったいに やめよう。

まどを あけしめする スイッチを さわらない

くるまの まどは、
おもっているよりも
つよい ちからで しまる。
ゆびや かおを はさむと
きけんなので、
あけしめする スイッチには
さわらないでおこう。

うんてんちゅうは じゃまを しない

うんてんしている ひとの
じゃまを すると とても
あぶない。
くるまに のっているときは
ちゃんと すわっていよう。

おりるときは まわりに きを つける

いきなり ドアを あけると
そとに だれかが いたら
あたるかもしれないので
そとの ようすを
たしかめてから あけよう。

おうちのかたへ

パワーウインドーには、子どもが指や首を挟む事故の危険が常にあります。子どもが一人で操作できないようにロックをかけたり、大人が操作する場合でも、子どもが挟まれる恐れがないか、安全確認を徹底したりしましょう。

車の乗り降りの際は、そばを走る自転車や自動車に気をつけましょう。子どもだけ先に乗り降りさせるのは避け、ドアの開閉は周囲の安全を確認して、一緒にゆっくりおこないましょう。

また、子どもだけを車内に残すと、熱中症になり命に関わることもあります。防犯のためにも、たとえ短時間であっても、子どもだけを車内に残すのはやめましょう。

いろいろな どうろひょうしき

どうろには そのみちの きまりや きを つけることを しめした どうろひょうしきが あります。いろいろな どうろひょうしきを おぼえておきましょう。

あかの ひょうしきは しては いけないことや きけんなことを しめす。

いちじていし

いちど とまって まわりを よく たしかめなければ いけない。

つうこうどめ

ここから さきは ひとも くるまも とおっては いけない。

ほこうしゃつうこうどめ

ここから さきは あるく ひとは とおっては いけない。

じてんしゃ つうこうどめ

ここから さきは じてんしゃに のって とおっては いけない。

ほこうしゃおうだんきんし

あるく ひとは ここで どうろを わたっては いけない。

あおの ひょうしきは きまりなどを しめす。

ほこうしゃせんよう

あるく ひとだけ とおることが できる。

じてんしゃせんよう

じてんしゃに のる ひとだけ とおることが できる。

きいろの ひょうしきは きを つけなければ ならないことを しめす。

がっこう・ようちえん ほいくしょなど あり

ちかくに がっこうなどが あり、こどもが よく とおるので きを つける。

ふみきりあり

ちかくに ふみきりが あるので きを つける。

3

みのまわりの じこや かじ

こうえんで たのしく あそぶには

すべりだいや ジャングルジム。
こうえんには ゆうぐが いっぱい。
けがを しないように あそぶには、
どうしたら いいのかな。

こうえんでは、ゆうぐの まちがった つかいかたを したり、
あそんでいる ひとの じゃまを したりすると、
じぶんや ともだちが けがを することが あります。
ゆうぐを ただしく つかい、なかよく あそびましょう。

すべりだい

かいだんを のぼる

はんたいから のぼると、
すべって おちたり、
あそんでいる ひとと
ぶつかったり することが ある。

さきに すべった ひとが はなれてから すわって すべる

ほかの ひとを おしたり、
たったまま すべったりすると
おちてしまうかもしれない。

おりたら すぐに はなれる

したに いると、
すべってきた ひとと
ぶつかるかもしれない。
したで あそぶのも
じゃまに なる。

ブランコ

ブランコから とびおりない

じぶんが けがを したり
ひとに ぶつかったり する
かもしれない。
じゅんばんを まつときも
はなれていよう。

ジャングルジム

しっかり つかまって、のぼりおりする

てを はなしたり、
ふざけたりしていると
おちてしまうかもしれない。
うえから とびおりたりも しない

いちばん うえで たたない

いちばん うえで たつと
つかまることが できない。
おちたときに したに
ひとが いたら
ふたりとも けがを する。

うんてい

ぬれている ゆうぐで あそばない

てが すべって
おちてしまうかもしれない。
かわいているときに
あそぼう。

てつぼう

あそんでいる ひとの すぐしたに いかない

あそんでいる ともだちのしたに
はいったり、いたずらを したり
すると おちてしまうかもしれない。
ともだちも じぶんも あぶないので
はなれて みていよう。

おうちのかたへ

遊具で遊ぶ時は、使い方やルールを守らないと、大きな事故につながる恐れがあります。子どもは、思いもよらない遊び方をしたり、遊びに夢中になって周囲が目に入らなかったりします。まずは、年齢や能力に合った遊具で遊ばせ、遊んでいる間は常に見守っていましょう。

遊具で遊ぶ時は、服装にも注意が必要です。マフラーや鞄が引っかかったり絡まったりすると、命にかかわる事故にもつながります。水筒などの持ち物は持たず、フードや紐つきの服は避け、上着の前のボタンをきちんとかけ、サイズの合った靴を履いて遊ばせましょう。

げんきに うんどうを するには

はしったり、ジャンプしたり、からだを うごかすのは きもちが いいね。でも、うんどうちゅうは けがや じこも おきやすいよ。

かけっこでも、なわとびでも、サッカーでも、けがや じこを ふせいで げんきに うんどうを するためには、しっかり じゅんびを して、ルールを まもることが たいせつです。

うんどうまえには

げんきかどうか じぶんで たしかめる

きもちが わるかったり、いたいところが あったら、むりを しない。

ひざしが つよいときには ぼうしを かぶる

ぼうしで ねっちゅうしょう(➡58ページ)や ひやけを ふせぐ。ひやけよぼうには ひやけどめを ぬってもよい。

じゅんびうんどうを する

いきなり はげしい うんどうを すると、からだが うまく うごかず、けがを しやすい。

うんどうちゅうには

まわりを よく みる

よそみを すると、ひとに ぶつかったり、どうぐを ひとに あててしまったり するかもしれない。

こまめに きゅうけいする

つかれると けがを しやすい。ねっちゅうしょうを ふせぐためにも こまめに きゅうけいし、みずを のもう。

ただしい やりかたを まもる

せつめいを よく きいて、おそわった やりかたを まもろう。

うんどうちゅうの じこ

じゅんびして、ちゅういしていても、けがを したり、じこが おきたりすることが あります。そんなときは せんせいなど、ちかくの おとなを すぐに よんで、やすんだり、びょういんに いったりしましょう。

あたまや むねに ものが あたった！

てや あしを つよく ついた！

かおや ゆびに どうぐが あたった！

きもちが わるくなった。

おうちのかたへ

運動をする時には、体調に留意し、無理をしない、させないことが大切です。頭部や胸部を打った時には、特に体調の変化に注意する必要があります。気持ちが悪くなったら、すぐに大人に報告するよう伝えておきましょう。胸にボールなどが当たったあとに倒れて意識がなくなったら、心臓しんとうの疑いがあります。心臓しんとうは、胸への衝撃による心臓停止で、心臓に衝撃が伝わりやすい発育途上の子どもに多く起こります。心臓しんとうを起こしたら、ＡＥＤ（自動体外式除細動器）（↓58ページ）を使い、除細動（心臓に強い電流を流し正常な動きに戻すこと）をおこなわなければなりません。

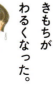

プールで たのしく あそぶには

あつい ひには、プールあそびが
たのしいね。げんきに
きもちよく あそぶために
やくそくを まもろうね。

プールで ふざけていると おぼれてしまうことも あります。
かかりの ひとの いうことや きまりを まもって あそびましょう。

じゅんびたいそうを かならず する
よく からだが うごくように、からだを しっかり まげたり のばしたりする。
シャワーを あびる
プールに はいるまえに からだを きれいに して、みずの つめたさに なれる。
あしから ゆっくり はいる
とびこむと なかの ひとに ぶつかったり、プールの そこに あたまを ぶつけたりする かもしれない。
すべらないように あるく
プールサイドは すべりやすい。はしったら すべって ころんでしまうかもしれない。

ときどき きゅうけいする

ずっと みずのなかに いると つかれてしまう。さむく かんじたら、プールから でて、タオルを かけるなど して からだを あたためよう。

かおが でる ふかさの ところで あそぶ

ふかくて あしの つかないところには いかないように する。

じゅんかんこうの そばには いかない

プールの みずを すいこんでいる じゅんかんこうに ちかづくと、ひきこまれて おぼれることが ある。

じこに つながる きけんなこと

たのしくて ともだちと ふざけあいたくなりますが、あいてが おぼれ、じぶんも おぼれて しまうかもしれません。

× あしを ひっぱる

× うえに のっかる

× かおに たくさん みずを かける

× プールに おとす

おうちのかたへ

プールでの水遊びは、とても体力を使います。疲れてくると溺れる危険性も高まるため、子どもの顔色、唇の色の変化などに注意しながら見守りましょう。あらかじめ休憩時間を決めておき、休ませるのもよいでしょう。たとえ浅い場所でも溺れることはあります。

子どもは、はしゃぐと走ったり飛び込んだりすることがあり、プールでは転倒事故や飛び込みによる事故も多く起きています。飛び込みは、自分だけでなく、他の人に怪我をさせる危険もあることを言い聞かせておきましょう。また、循環口での事故を防ぐため、近寄らないように話しておくことも必要です。

かわや うみの きけん

かわや うみで みずあそびを
するのは たのしいけれど、
むちゅうに なりすぎて、きけんが
あるのを わすれたりしないでね。

かわや うみには きけんが
たくさん かくれています。
きけんなところは どんなところか
よく おぼえておいて、
そういう ばしょには ちかづかないなど
じこを ふせぐ くふうを しましょう。
おとなと いっしょに いることも たいせつです。

かわ

ふかみ

きゅうに ふかくなっている
ところが あり、
はまりこむかもしれない。
おおきな いしの
まわりは ふかくなっている。

すべりやすい あしもと

こけの はえた
いしのうえは
とても すべりやすい。
いしが ぐらぐらしている
ところも ある。

きゅうな ながれ

かわの ながれは
ばしょによって ちがう。
じょうりゅうで あめが ふったあとは、
いつもよりも ながれが
はやくなるので、よけいに きけん。

なかす

かわのなかの
しまのようなところ。
かわの みずが ふえると、
なくなることも ある。
かわの みずが にごってきたら
きけん。

じこを ふせぐ ふくそう

ライフジャケット

みずのなかで
うくことが できる。

**みずあそびようの
くつや サンダル**

すべりにくく、
あしの うらを まもる。

ゆうえいきんしくいき

ながれが はやいところや、
きゅうに ふかくなっているところなど、
およぐと きけんな ばしょには、
ひょうじが でていたり、
ロープが はられている。
そういう ばしょには はいらない。

おおきな なみ

すなはまに いても
きゅうに おおきな なみが きて、
うみのほうに ながされることが ある。

あつい すな

ひなたは
すなが とても
あつくなる。
はだしで あるくと
やけどを することも ある。

かいがらや ごみ

すなに かくれていて
はだしで ふむと
けがを する。

おうちのかたへ

川や海で、子どもだけで遊ぶのはとても危険です。子どもだけで遊びに行かないように、日頃から言い聞かせておきましょう。もちろん、大人がいても油断は禁物です。注意を怠れば事故が起きてしまいます。あらかじめどのような危険があるか教え、できるだけ安全な場所を選んで遊ばせましょう。

海では、沖に向かって流れる離岸流（↓59ページ）も大変危険です。この流れにのってしまうと知らない間に沖の方に流されてしまいます。子どものいる位置にいつも注意していましょう。天気の変化に気をつけたり、干潮や満潮の時間を知っておくことも大切です。

やまや もりの きけん

やまや もりでは きれいな けしきや めずらしい いきものが みられるね。きけんなものに ちかづかないよう きを つけて しぜんを たのしもう。

やまや もりには、しらないで ちかづくと きけんなところが たくさん あります。しぜんのなかで すごすには、そのばしょについて しらべておくことも ひつようです。

まよいやすい みち

やまや もりのなかは、めじるしに なるようなものも すくなく、まいごに なりやすい。かならず おとなと いっしょに あるく。

ころびやすい みち

みちを すこし はずれると、がけや くずれやすい しゃめんなど、あぶない ばしょが たくさん ある。なるべく みちの まんなかを あるき、はいっては いけないところには ぜったいに はいらない。

きけんな いきもの

どくを もち、さしたり かんだりする いきものが います。おこらせないよう、ちかづかず さわらないように しましょう。きめられた みちを あるき、ながそでや ながズボンで はだを まもることも たいせつです。

スズメバチ

ちかづくと おそってくる。くろいものを こうげきする。

チャドクガ

ようちゅうも せいちゅうも さわると かぶれる。

マムシ

くさや きの かげに かくれていて、きばに どくを もっている。

マダニ

かんで ちを すう。さいきんや ウイルスを もっている。

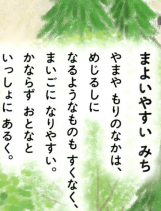

たちいりきんしくいき

あぶない ばしょなので ぜったいに はいっては いけない。

かわりやすい てんき

いままで はれていたのに とつぜん あめが ふったり、きゅうに さむくなったりすることも ある。あまぐや うわぎを よういしておく。

きけんな しょくぶつ

さわると かぶれたり、
たべると ちゅうどくを おこしたりする
しょくぶつが あります。
きれいだからといって、さわったり
くちに いれたりしては いけません。

ヤマウルシ

くきから でる しるに かぶれる。

ドクウツギ

みに、つよい どくが ある。

イラクサ

くきや はの ちくちくする けに、さわると かぶれる。

アセビ

はや はな、くきなどに どくが ある。

おうちのかたへ

山や森の中は夏でも涼しく、雨に濡れたり、風に吹かれたりして冷えると、低体温症(➡59ページ)を起こすこともあります。事前に天気予報を確認しておくことに加え、上着や雨具の準備も欠かせません。毒のある生き物から身を守るためには、長袖、長ズボン、くるぶしのかくれる靴下を着用し、なるべく肌を出さないようにすることが大切です。

子どもとは常に一緒に行動し、見失わないようにするのが原則ですが、万が一はぐれてしまったら、歩き回らずに待っているよう伝えておきましょう。歩き回ると、危険な場所に迷い込むこともあり、体力も消耗してしまいます。

エスカレーターに のるときの ちゅうい

たっているだけで のぼりおりできる
エスカレーターは べんりだね。
でも、うごいているから
のりかたに ちゅういしようね。

エスカレーターは まちがった のりかたを すると、
おちたり はさまれたりすることが あり、
とても きけんです。

あんぜんな のりかた

てすりに つかまる
エスカレーターが
きゅうに とまっても、
つかまっていれば
バランスを くずさない。

きいろの せんの うちがわに たつ
きいろの せんから
はみだして たつと
ズボンの すそなどが
すきまに はさまって
しまうことも ある。

おとなと てを つなぐ
ひとりで のらないで、
おとなと のる。

のるとき、おりるときは あしもとを よく みる
さかいめのところを
ふまないように
しっかり またぐ。

くつひもは きちんと むすんでおく
ひもが すきまに
はさまって
とれなくなると
あぶない。

おうちのかたへ

商業施設などに設置されているエスカレーターは、便利で身近なものですが、利用する際には、転倒や転落、巻き込みなど、さまざまな事故に注意しなければなりません。危ない乗り方をしないように、大人が模範を示しましょう。このページで紹介した事例のほか、降り口付近で立ち止まったり、段に座り込んだりすることも危険です。

キャリーバッグの落下事故は、自分が立つ段よりひとつ上の段にバッグを置くことで防止できます。ただし、大きな荷物を運ぶ時にはエレベーターを利用する方が安全です。また、ベビーカーはエスカレーターに乗せることが禁じられています。

あぶない のりかた

うしろむきに のる
バランスを くずしやすい。ころんだり、おちたりするかも しれない。
よりかかる
ふくが ひっかかって たおれてしまうかもしれない。にもつを てすりに おくのも あぶない。
かさの さきなど ほそいものを すきまに さす
とれなくなってしまうと あぶない。
かおや てを だす
かべや さくに あたまや てを はさまれるかもしれない。
てすりに またがる
おちたり、かべとの あいだに はさまれたりするかもしれない。
あるいたり はしったりする
バランスを くずして ころんでしまうかもしれない。

まちのなかでの ちゅうい

まちには、おもしろいものが
たくさん あって わくわくするけれど、
ひとも おおいから
ふざけていると あぶないね。

ひとが たくさん いるところでは、じぶんかってに うごくと、じぶんが あぶないだけでなく、まわりの ひとに けがを させてしまうことも あります。まわりを よく みて うごきましょう。

ほどうきょうから からだを ださない

したを みようと てすりから のりだすと、おちるかもしれない。さくのあいだから あたまを だすと、はさまるかもしれない。

かいてんドアは じゅんばんを まつ

かいてんしきの ドアや じどうドアは、かけこむと はさまれたり、ぶつかったりして とても きけん。

ひとごみで きゅうに たちどまらない

とつぜん とまったり、ひとを おしたりすると たくさんの ひとが ころぶかもしれない。

かばんや かさは かかえて もつ

ふりまわしたりすると、だれかに ぶつかったり、なにかに ひっかかったりして あぶない。

エレベーターが とまったとき

エレベーターが こしょうなどで
とまってしまったら、
ひじょうようの ボタンを おして、
たすけを よびます。
しりあいの おとなと いっしょに
のることも たいせつです。

すべりやすいところに きを つける

あめや ゆきの ひは、
ゆかが すべりやすいので
あしもとに きを つけて
あるこう。

まえを みて あるく

よそみを しながら
あるいたり はしったりすると、
ひとや ものに
ぶつかりやすいので、
まえを よく みて あるこう。

おうちのかたへ

街中では、無用な事故を避けるために周囲に気を配って動くことが必要ですが、子どもは自分勝手に動きがちです。人ごみで急に立ち止まったり、しゃがみこんだりすると、後ろから来る人が次々にぶつかり、将棋倒しになる危険があります。迷子になるのを防ぐためにも、人ごみでは子どもと手をつなぎましょう。自動ドアや回転ドアでは、子どもが駆け込み、はさまれて大怪我をする事故も起きています。手を離さず、一緒に通りましょう。

ローラーシューズは滑る場所に注意が必要です。人ごみや店に出かける時は、はかせない方が安全です。

えきを りようする ときの ちゅうい

えきの ホームは、でんしゃから おりた ひとや、これから のる ひとで いっぱい。きを つけて あるこうね。

たくさんの ひとが いて、でんしゃが そばを とおる ホームでは、はしりまわったり ふざけたりしていると きけんです。じゅんばんを まもって ゆずりあえば、じこも おこりにくくなります。

おりる ひとを とおしてから のる

でんしゃの のりおりは おりる ひとが さき。ドアの まえを ふさぐように たっていたり、むりに のろうとすると、おりてくる ひとと ぶつかる。

まえを みて あるく

よそみを したり、ゲームを しながら あるいたりすると、ひとや ものに ぶつかったり、ホームから おちたりするかもしれない。

かいだんは きめられたがわを あるく

おりる ひとと、のぼる ひとの、とおるところが きめられていたら、それを まもる。ひとを おしたり はしったりすると あぶない。

のりおりするときは あしもとを みる

でんしゃと ホームとの すきまに おちないように あしを だす。
かけこみじょうしゃは きけん。

きいろい せんの うちがわを あるく

ホームぎりぎりを あるくと せんろに おち、でんしゃに ひかれるかもしれない。
まっているときも じゅんばんを まもって、まえに でていかない。

ふみきりを わたるとき

いちど とまって、でんしゃが こないか たしかめてから ころばないように きを つけて わたりましょう。

でんしゃが とおる あいずの おとが なりはじめたり、しゃだんきが おりはじめたりしたら、ぜったいに わたらない。

わたるときは ふざけて あるかない。

おうちの かたへ

駅のホームのような、限られたスペースに多くの人が行き交う場所では、歩きスマホなどの「ながら歩き」はとても危険です。前を向き、周囲に気をつけて歩くように、大人も心がけなければなりません。最近では、ホームドア（↓59ページ）のついている駅も増えてきましたが、子どもには常に線路から離れた場所を歩くよう教え、電車を待つ時も十分に下がった位置で待つようにしましょう。

踏切には、遮断機がついていないところもあります。左右をしっかりと確認してから渡るように、くり返し言い聞かせ、用のない時には踏切に近づかせないことも大切です。

いえのなかの きけん

いえのなかに いても
おもわぬところで おおきな けがを
することが あるよ。
どこに きを つければ いいのかな。

まいにち くらしている いえのなかにも
きけんが かくれていることが あります。
あぶないところを しって、
じこを ふせぐことが たいせつです。

ベランダ
おちるかもしれないので、
よじのぼったり
したを のぞいたりしない。
ゆかの おもちゃ
ちらかしたままだと
おもちゃを
ふんでしまい
あしのうらを
けがしてしまう
かもしれない。
まど
いきおいよく しめると
ゆびを はさみやすい。

やけどの きけん

あつくなっているものに
さわると、やけどを するので、
できるだけ そばでは
あそばないように しましょう。

アイロン

すいはんき

あついものが
はいった
コップや なべ

でんきポット

おうちのかたへ

安心と思える家庭内でも、転落や転倒、誤飲、やけど、指挟み、溺水など、多くの事故の可能性があります。このページであげた事例以外にも、水をはった浴槽に落ちたり、コンセントにピンを差し込んで感電したりすることもあります。窓辺やベランダに子どもの踏み台になるものを置かない、洗濯機のふたは必ず閉めておく、階段にすべりどめをつけるなど、まずは大人が、事故を起こさない環境づくりをすることが大切です。

また、紙面とくらべながら、自分の家の中では具体的にどんなところに注意すべきか、普段から家族で話し合っておくことも必要です。

ドア
いきおいよく あけたり しめたりすると、ぶつかったり、ゆびを はさむことが ある。
せんたくき
なかに はいると、とじこめられてしまう。ぜったいに はいっては いけない。
ふろば
すべりやすく、ころびやすい。からだに あわが ついているときは とくに よく すべるので あわを よく ながす。
ドアの つけねの すきまにも ゆびを はさみやすい。
かいだん
あわてて のぼりおりすると ふみはずして おちてしまう ことが ある。
コンセント
ぬれた てで コンセントに プラグを さすと、からだに でんきが ながれ(かんでん➡90ページ)、けがを することが ある。
つくえや たんすの かど
へやのなかで はしると あたまを ぶつけることが ある。

かじを ふせぐ

かじに なると、たくさんのものが もえてしまうから、とても こわいね。かじは どんなときに おきるんだろう。どうすれば ふせげるのかな。

にくや さかなを やいたり、へやを あたためたり、ひは いろいろなことに やくだちます。でも、つかいかたに きを つけないと、かじに なる きけんが あります。

ガスコンロから はなれるときは かならず ひを けす

ガスコンロの ひを つけっぱなしに しておくと、なかの あぶらに ひが つく。

もえやすいものは ひから はなす

ちかくに かみや ぬのが あると、ひが もえうつる。きている ふくの そでや すそも ひに ちかづけないように する。

ストーブの ちかくに せんたくものを かけない

ストーブのうえに ほした せんたくものが おちてしまうと、ひが もえうつる。ストーブのまわりには なにも おかないように する。

スプレーかんは ちかくに ひが ないところで つかう

スプレーかんのなかの ガスは もえやすいので、ひの そばでは ぜったいに つかっては いけない。

はなびは すぐに けせるように みずを よういしておく

はなびの もえかすは みずを いれた バケツに すて、ひが きえているか たしかめる。

ライターや マッチでは ぜったいに あそばない

ひは おとなと いっしょのときに つかう。

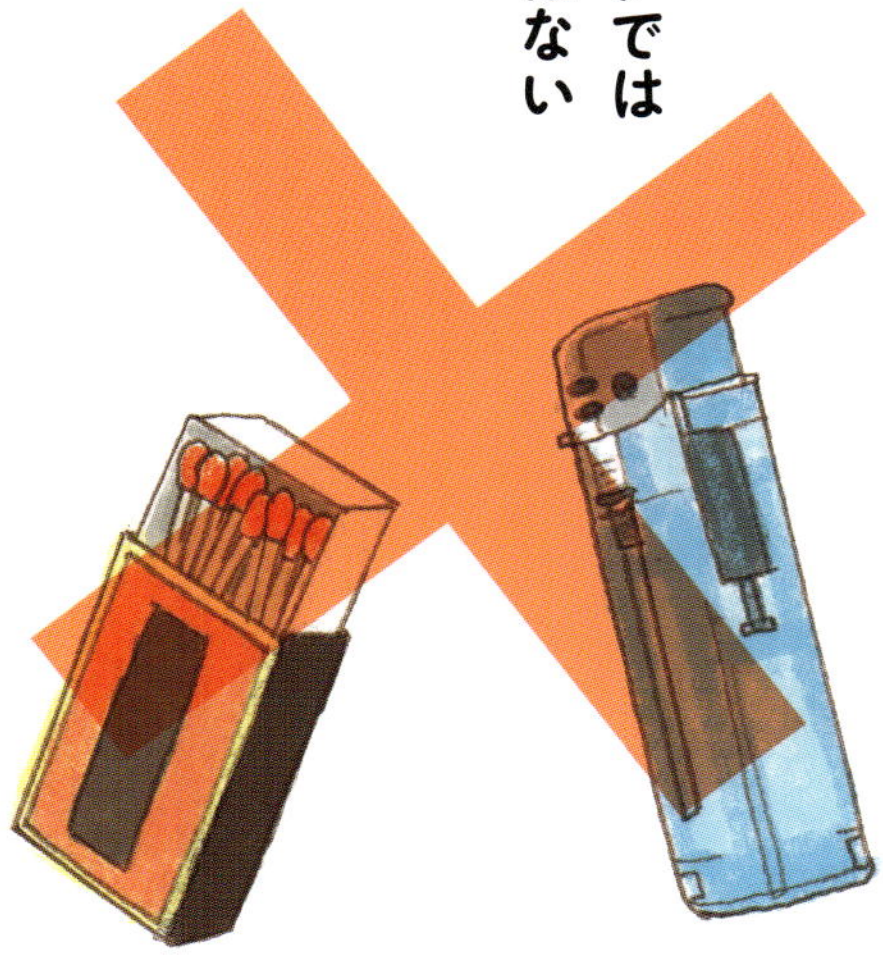

でんきせいひんは ただしく つかう

まちがった でんきせいひんの つかいかたを すると コードに ねつが たまったりして ひが でることが ある。

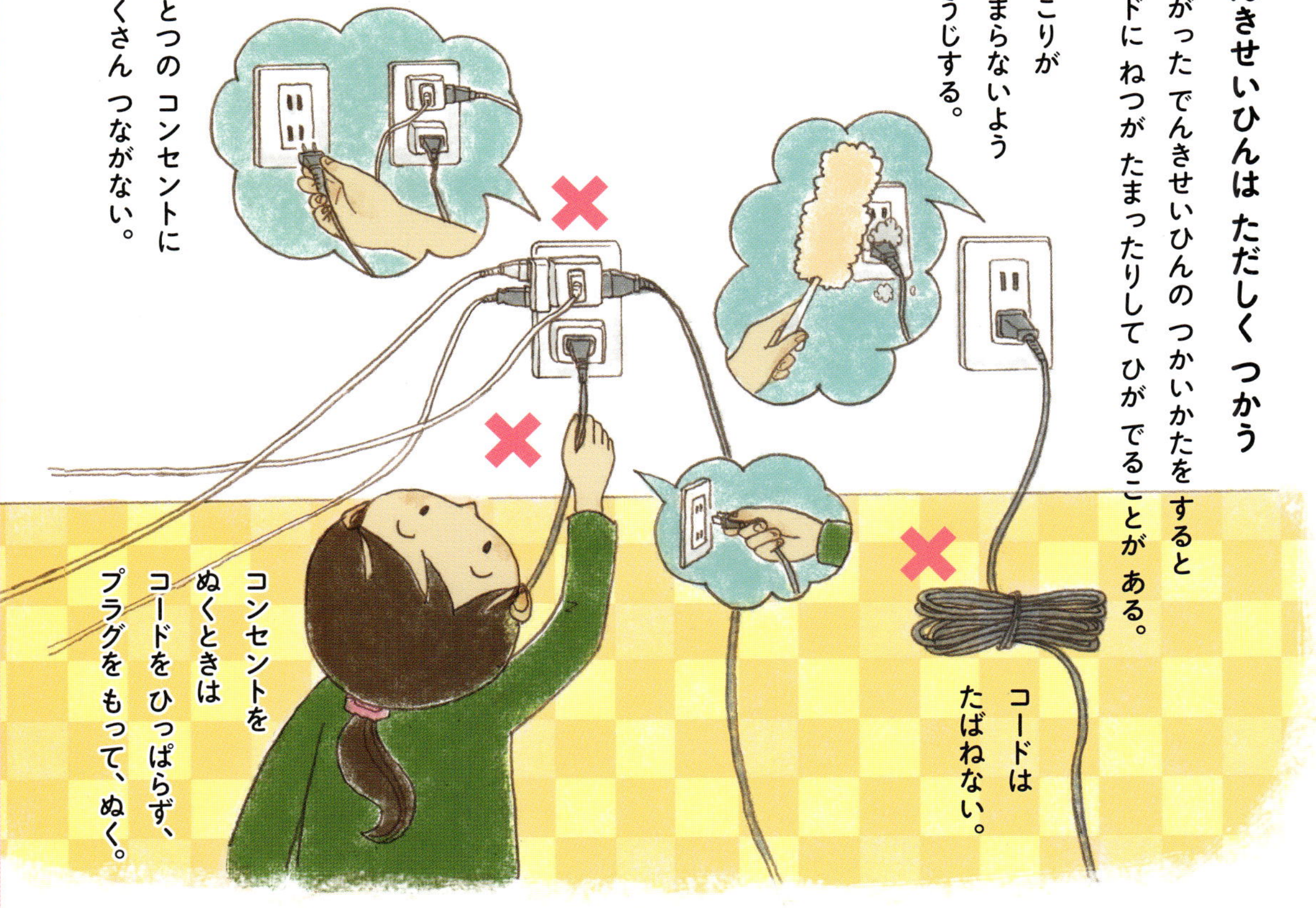

ほこりが たまらないよう そうじする。

ひとつの コンセントに たくさん つながない。

コードは たばねない。

コンセントを ぬくときは コードを ひっぱらず、プラグを もって、ぬく。

おうちの かたへ

火の危険性は誰もが知っていることですが、これくらいは大丈夫という油断や、ついうっかりといったミスから火災が発生します。子どもには、火の恐ろしさについてしっかり話したうえで、火遊びをしないよう、ライターやマッチを子どもの手の届かないところに置いておきましょう。電気製品からの出火を防ぐには、コードの上に重い物をのせないこと、傷んだコードをそのまま使い続けないことも大切です。

また、このページでは取り上げていませんが、マニキュアやアロマオイルの近くでの火の使用や、古くなった電池の液漏れも、発火ややけどの原因となるので気をつけましょう。

かじに なってしまったら

いえのなかで ひが でたら
ちかづくと あぶないよ。
おおきな こえを だして、
おおいそぎで おとなを よぼう。

ひは あっというまに
もえひろがります。
ひを みつけたら、
すぐに おとなに しらせましょう。

ひの けしかた

ひが ちいさければ
みずを かける

しょうかき（➡60ページ）を つかう

みずで ぬらした
バスタオルなどを かぶせる

てんぷらや からあげの あぶらに
ひが ついたときには
ぜったいに みずを かけては いけない。

ひが てんじょうまで とどくほど おおきくなってしまったら、むりに けそうと せず、いのちを まもるために すぐに にげましょう。

おおきな こえで かじを しらせる

きんじょの ひとにも わかるように、「かじだ!」と さけんで にげる。

119ばんに でんわする

まず あんぜんなところまで にげてから、119ばん（しょうぼうしょ）に でんわする。じぶんで できないときは まわりの ひとに たのむ。

119ばん（しょうぼうしょ）に でんわを したら

119ばんは、きゅうきゅうしゃを よぶときにも つかう ばんごうです。かけたら、まず、かじだと いうことを はっきり つたえます。

119ばん（しょうぼうしょ）に つたえること

かじが おきたこと	「かじです。」
ばしょ	「○○し□□××ばんちです。めのまえに △△こうえんが あります。」
ようす	「5かいだての マンションの 2かいが もえています。」
じぶんの なまえと でんわばんごう	「わたしの なまえは ●●です。でんわばんごうは ……です。」

おうちのかたへ

もしも出火したら、燃え広がる前の初期消火が重要です。ただし、子どもだけで消火するのは危険なので、火を見つけたら必ず、すぐに大人に知らせるように言い聞かせておきましょう。近くに水や消火器がない時には、座布団や上着など、手近にあるもので火をたたくのも消火方法の一つです。火のついた油に水をかけると、油が飛び散り、かえって火が広がる危険があるため、水でぬらした布などをかぶせましょう。

火が天井に届いたら消火は困難です。一刻も早く逃げましょう。燃えている部屋のドアや窓を閉めてから避難すると、空気が遮断されて火が広がるのを遅らせることができます。

かじから にげる

かじから いのちを まもるために
いちばん たいせつなのは
とにかく はやく にげることだよ。
どうやって にげれば いいんだろう。

かじに なったら なにも もたずに
すこしでも はやく ひなんしましょう。
あわてて しまうと おもうように にげられないので、
もしものときに どうやって ひなんするか、
ふだんから おうちの ひとと
はなしておくことも たいせつです。

かじのときに でる けむりは
とても あつく、からだに
わるい ものが はいっています。
けむりを すってしまうと
あたまが いたくなったり、
のどを やけどしたり、
きを うしなったりするので、
すわないように して
にげましょう。

けむりを すわない ひなんの しかた

はなと くちを おさえる

ハンカチや タオルで
はなと くちを おさえると よい。
もっていないときは ふくなどで おさえる。

かたてで かべを さわりながら すすむ

けむりで まわりが
みえなくなってきたら、
まよわないように
かべを さわりながら にげる。

ひくい しせいを とる

けむりは うえから たまっていき、
したのほうが すくないので、
なるべく しせいを ひくくする。

かいだんを つかう

エレベーター、エスカレーターは とまってしまうことが あるので、 つかわない。

おちついて にげる

あわてて むやみに はしると ころんでしまったり、 ひとや ものに ぶつかったりして、 あぶない。

わすれものを しても あきらめる

とちゅうで とりに もどるのは、 とても きけん。 だいじなものを わすれても もどらずに とにかく にげよう。

でかけた さきで かじに あったら

ひじょうぐちを さがしておく

たくさんの ひとが あつまる たてものに いるときは、 かじに なったとき すぐ にげられるように ひじょうぐちを さがしておく。

かかりの ひとの はなしを きいて にげる

かかりの ひとが いるときは、 あんないに したがって にげる。 じぶんかってに うごいたりしない。

おうちの かたへ

火災時に視界をさえぎる煙は、とても怖いものです。吸い込むと、気道や肺にやけどをしたり、一酸化炭素などの有毒ガスによる中毒で命を失ったりします。煙を吸わないよう、短い距離なら息を止めて走り抜けます。煙が充満した場合、階段は、はうように後ろ向きに降りましょう。

商業施設にいる時は、係員の指示に従い、逃げるのが基本です。しかし、その場に係員がいないこともあります。状況に応じ、誘導灯にそって逃げましょう。防火シャッターが降りてきたら、くぐり抜けるのは危険です。近くに防火扉や代わりの非常口が必ずあるので、落ち着いて探しましょう。

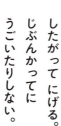

みのまわりの じこに かんけいする ことば①

ねっちゅうしょう

あついときに
なりやすい びょうき。
からだに ねつが こもり、
ひどくなると いのちに
かかわることも ある。

あたまが いたい
あせが とまらない
きんにくが ぴくぴくする

もうしょび

1にちのうち、
いちばん たかい きおんが
35どいじょうの ひ。

だっすいしょう

たくさん あせを かいたりして、
からだの なかの すいぶんが
たりなくなってしまうこと。

けいこうほすいえき

すいぶんや えんぶんなどを
すばやく からだに
とりいれられるように
つくられた のみもの。

おうきゅうしょち

けがを したり、
ぐあいが わるくなったり
したときに
いそいで おこなう
てあて。

きょうこつあっぱく（しんぞうマッサージ）

しんぞうが
とまってしまったときに、
しんぞうを うごかすために
おこなう マッサージ。
しんぞうを つよく おして、
けつえきを
からだに おくりだす。

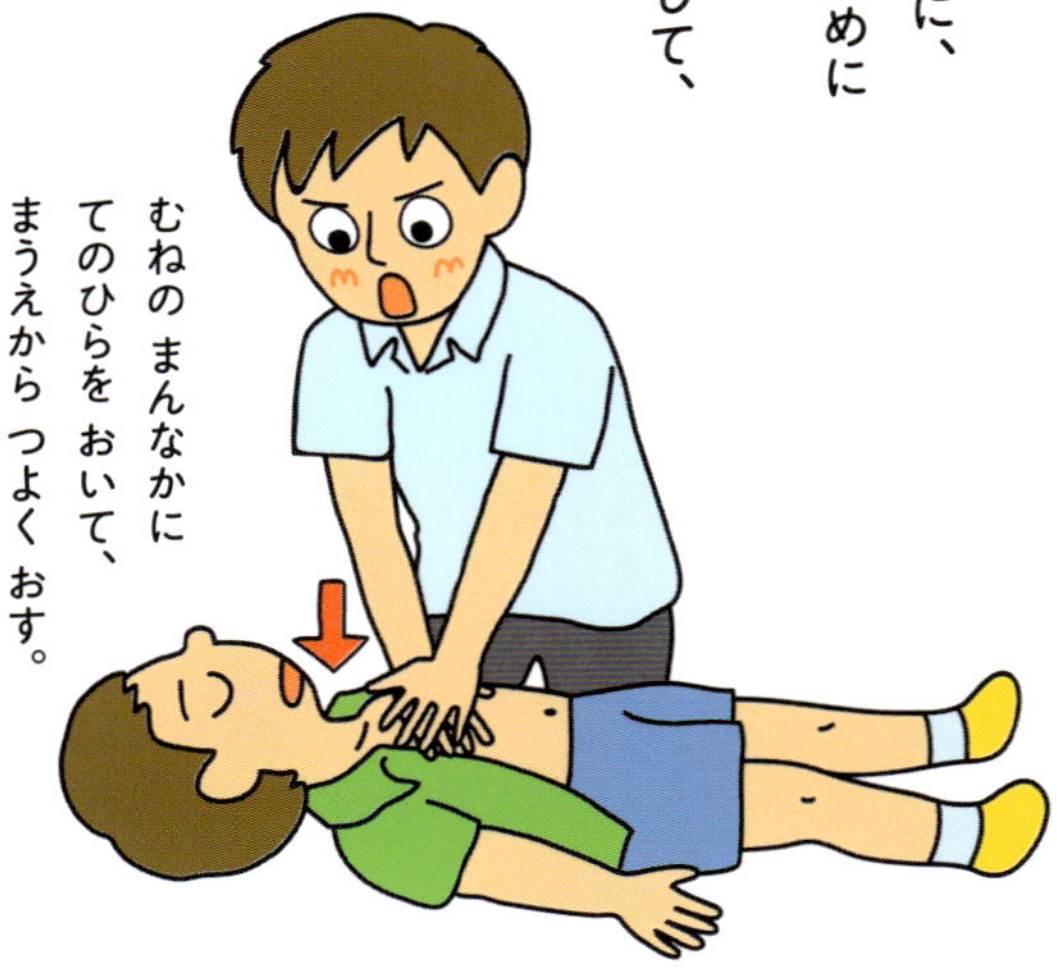
むねの まんなかに
てのひらを おいて、
まうえから つよく おす。

・きょうこつあっぱく＝胸骨圧迫

AED《えーいーでぃー》（じどうたいがいしきじょさいどうき）

とまってしまった しんぞうに
でんきショックを あたえて、
うごくように する きかい。

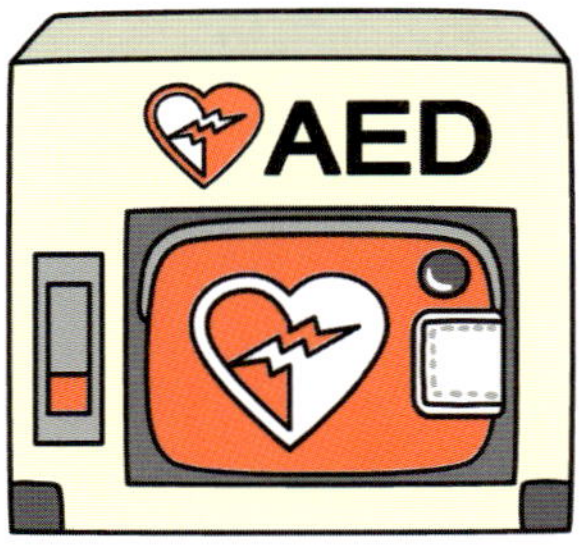
AED

がっこうや こうえんなど、
ひとが おおく あつまる
ばしょに おいてある。

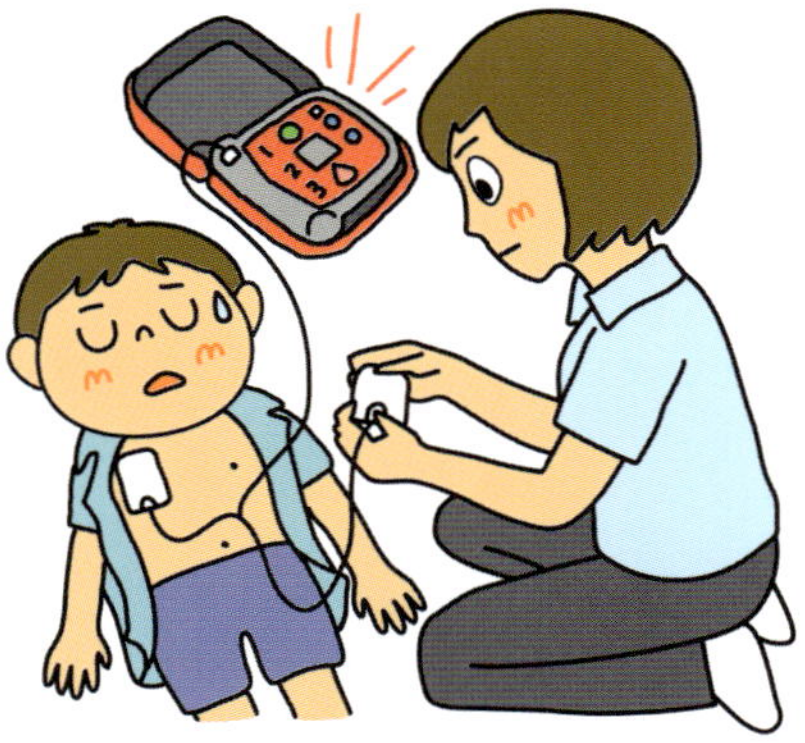
スイッチを いれると
ひとの こえで、
つかいかたを おしえてくれる。

ていたいおんしょう

さむいところに ながく いたために、たいおんが とても ひくくなった じょうたい。ひどくなると いのちに かかわることも ある。

うまく
はなせない
からだが
ふるえる
てが うまく
つかえない

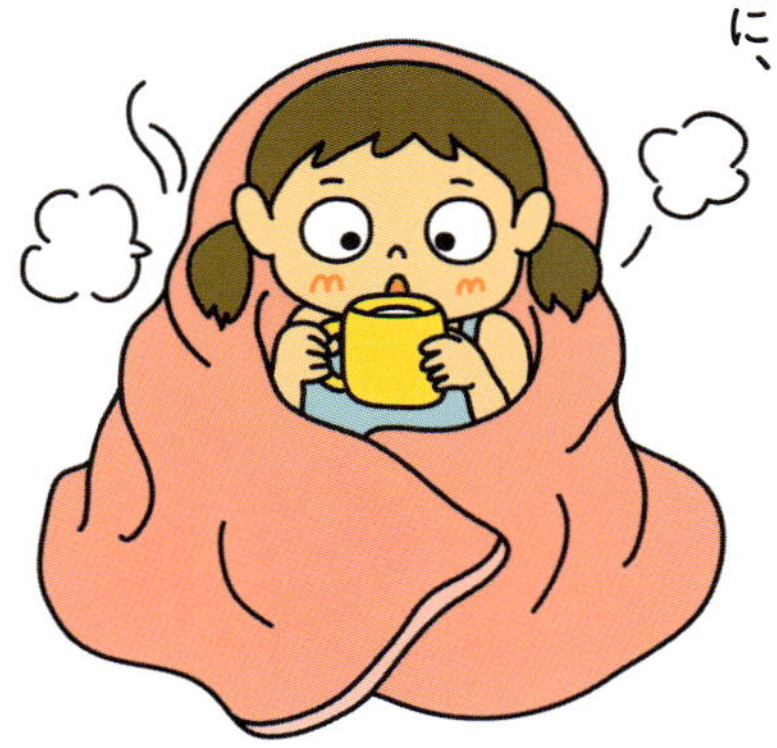

ていたいおんしょうに なったら、ゆっくりと からだを あたためる。

ひじょうていし ボタン

せんろに ひとが おちたときなどに、でんしゃを いそいで とめるための ボタン。えきの ホームの はしらなどに ついている。

りがんりゅう

かいがんから おきのほうに ながれる うみの みずの ながれ。このながれに のってしまうと ながれに さからって、およぐのは むずかしい。

りがんりゅうに ながされたら、きしに そって およいで、ながれの そとに でてから、きしに もどると よい。

そうなん

いのちに かかわるような きけんな めに あうこと。

ホームドア

ひとが せんろに おちたり、でんしゃに ぶつかったり しないように、つけられた しきり。ホームに ひとが でんしゃに のりおりするときだけ、ドアが ひらく。

かさいほうちき

ひの ねつや けむりを かんじとって かじの きけんを しらせる そうち。ボタンを おして、しらせることも できる。

たてものぜんたいに きけんを しらせる おとが なりひびく。

いえに つけるものは じゅうたくよう かさいけいほうきと いう。

しょうかせん

かじの ひを けす みずを だすための せん。しょうかホースを つないで つかう。

どうろに あるもの

たてものの なかに あるもの

しょうかき

もちはこびが できる、ひを けすための どうぐ。

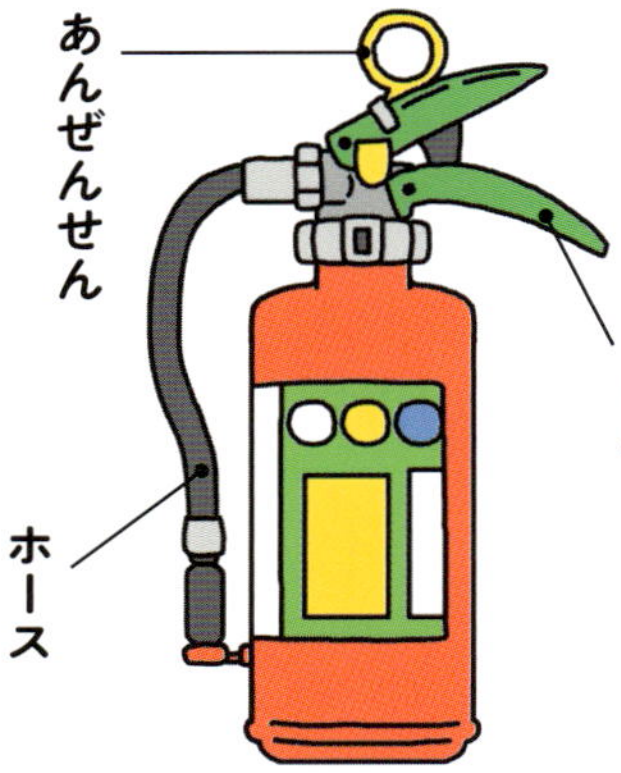

しょうかきの つかいかた

❶ あんぜんせんを うえに ひきぬく。

❷ ホースを はずし、さきを しっかり もって、ひに むける。

❸ レバーを つよく にぎると くすりが ふきだすので、ひの ねもとを ねらって かける。

たこあしはいせん

ひとつの コンセントから、たくさんの コードを ひいて いくつもの でんきせいひんに つなぐこと。きめられた でんきの りょうより おおく でんきを つかうと ねつが でて、かじに なりやすい。

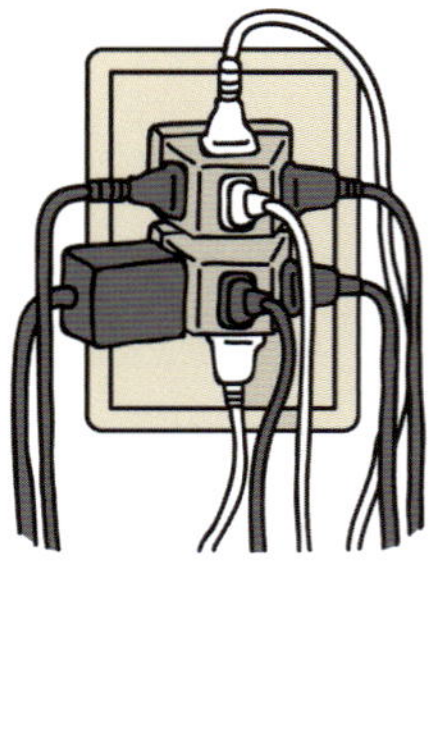

4
おおあめ、たいふう、かみなり、おおゆき

しゅうちゅうごううは どうして おきるの？

きゅうに あたりが くらくなって
つよい あめが ふりだした。
くろくて ぶあつい くものなかでは
なにが おきているのかな。

しゅうちゅうごうう（↓88ページ）とは、
かぎられた ばしょで、
みじかい じかんで ふる
おおあめのことです。
おおあめを ふらせるのは、
あたたかく しめった
くうきによって つくられる
せきらんうんという
おおきな くもです。

しゅうちゅうごううが おきるまで

1 くもが できる

あたたかく しめった
くうきが のぼり、
そらの うえのほうで ひやされて
ちいさな みずや こおりの
つぶに なり、くもが できる。

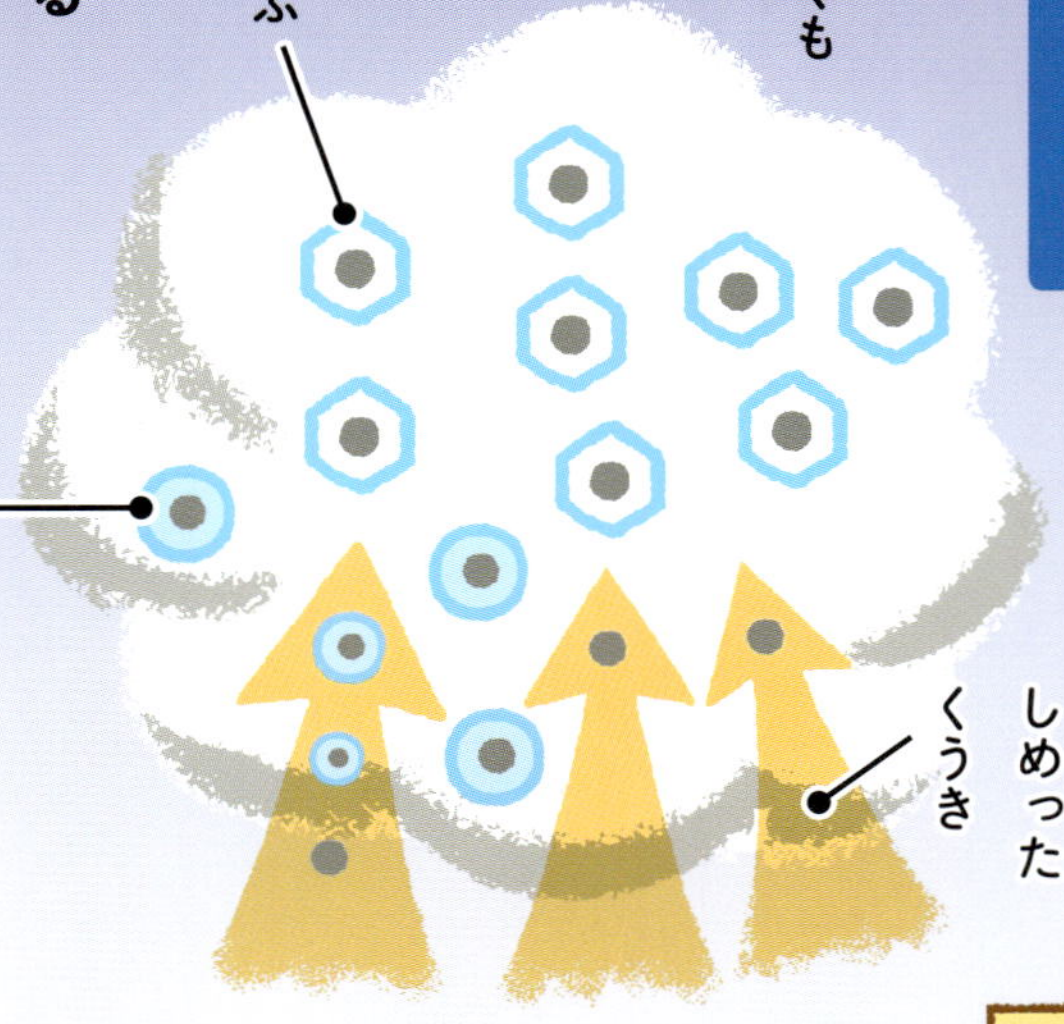

あたたかく しめった
くうきが
くうきのなかの ちりと
くっつき、みずの つぶが
できる。

2 せきらんうんに せいちょうする

そらの うえのほうの くうきが つめたいと、
さらに たくさんの あたたかく
しめった くうきが うえに のぼり、
おおきな せきらんうんに なる。

❸ せきらんうんから おおあめが ふる

せきらんうんのなかの みずや こおりの つぶが あめと なって、ちじょうに たくさん おちて しゅうちゅうごううを ひきおこす。

せきらんうん
おおあめを ふらす くも。おおきな やまのように まうえに たかく のぼっていく。
しゅうちゅうごうう

おうちのかたへ

集中豪雨とは、ある一定の狭い地域に短時間で集中的に降る強い雨のことで、たくさんの積乱雲が同じ場所で次々と発生し、発達することによって起きます。

一方、一つの積乱雲の発達によって、数十分の間にごく狭い範囲で降る強い雨のことを「局地的大雨（➡88ページ）」といいます。局地的大雨は、予測が難しく、突然起きるため、「ゲリラ豪雨」ともいわれています。

都市部では、夏、コンクリートの建物や舗装されたアスファルトの路面から出る熱によって上昇気流が発生し、ゲリラ豪雨が起きやすいと考えられています。

あめが たくさん ふると —まち—

あめが たくさん ふると、いろいろなところで みずが あふれるよ。そんなとき そとに でるのは あぶないね。

おおあめに なると、どうろの わきに ある みぞ（そっこう）や、じめんのしたの げすいどうから あまみずが あふれて、どうろが かわのように なることが あります。

かわの みずが ふえて、ながれが はやくなるので きけん。おちると、ながされて おぼれるかもしれないから、ちかよらないように しよう。

どうろに みずが あふれ かわのように なって、どうろと そっこうの さかいが わからなくなることも ある。おちたり、けがを したりしないように、はやく いえに かえろう。

マンホールの ふたが みずの ちからで ふきとばされることが ある。あぶないので、みに いったりしない。

じめんより ひくくなっている
どうろ（アンダーパス）には、
あまみずが たくさん ながれこむ。
しらずに くるまで つっこんでしまい、
くるまから おりられなくなることも ある。
アンダーパスには ちかよらないように しよう。

ちかてつや ちかの
しょうてんがいに、
みずが ながれこむことが ある。
おおあめのときは、
ちかには はいらないように
しよう。

あめが ふったあと、
あめで ぬれた かいだんや、
さかみち、たてものの ゆかは
とくに すべりやすいので
きを つけよう。

いえのなかでの そなえ

いえのなかに あまみずが
ながれこむことが あるので、
たいせつなものは
たんすのうえなどの
たかいところや 2かいに
おいたりしましょう。

いりぐちに どのうを つんで、
みずが はいるのを ふせぐ。

おうちの かたへ

アスファルトの地面は、地中へ水が浸透しにくいため、雨水は下水道へと流れます。ところが、豪雨が続くと、処理能力を超える雨水が一気に流れ込むため、地上へ水があふれ出すことがあります。ほかにも、大雨によって増水した川や用水路は、水の流れがはやくなり大変危険です。近づくのは避けましょう。

また、川の上流で雨が降ると、雨の降っていない下流の水位が急に上がることがあります。川の近くに行く場合は、事前に上流の天気を確認するなどの注意をしましょう。また、雨の日は、建物の中や階段なども滑りやすくなるため、気をつけて歩く必要があります。

あめが たくさん ふると ーやまー

おおあめで がけが くずれたという
ニュースを きいたことが あるね。
たくさんの つちが おちてきたら、
どうしたら いいのかな。

たくさんの あまみずが つちに しみこむと、
やまや がけの つちが くずれます。
また、たくさんの つちや いしなどが、
あまみずと いっしょに かわに ながれこみ、
かわが あふれることも あります。
これらを どしゃさいがいと いいます。
どしゃさいがいには、どせきりゅうや、
がけくずれ、じすべりなどが あります。

どしゃさいがいが おきるときは
まえぶれが あるので、
きづいたら、いちはやく
そのばしょから ひなんしましょう。

どせきりゅう

おおあめで やまの
つちが くずれ、
かわなどを いっきに
ながれくだること。
どせきりゅうは、
スピードが はやいので、
ながれる ほうこうの したに
むかって にげたら
たすからない。
すぐに かわから はなれ、
よこに にげるように する。

どせきりゅうの まえぶれ

- やまが うなるような おとが きこえる。
- かわの みずが きゅうに にごる。
- おおあめが ふっているのに、
かわの みずが へる。

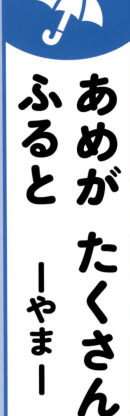

がけくずれ

おおあめや じしんなどの ために、きゅうな がけの つちや いしが とつぜん くずれおちること。どしゃくずれとも いう。いっきに くずれおちるので、がけの したに いると、まきこまれて しまう。よこに にげるように する。

がけくずれの まえぶれ

- がけの しゃめんから こいしが おちてくる。
- がけの しゃめんに ひびが はいる。

じすべり

やまの ひろい はんいの つちが、すこしずつ すべりおちること。おおあめや じしんが きっかけで いちどに おおきく すべりおちることも ある。いえや きも いっしょに、じめんが おおきな かたまりの まま うごく。

じすべりの まえぶれ

- じめんから おおきな おとが きこえる。
- じめんに ひびわれが おきる。
- きゅうに しゃめんから みずが ふきだしたり、いけの みずが へったりする。

おうちのかたへ

大雨が降り続くと、土石流やがけ崩れなどの土砂災害が起きる可能性が高まります。土砂災害の危険がある地域は、「土砂災害警戒区域」「土砂災害特別警戒区域」に指定されており、ハザードマップで確認することができます。このような地域では、こまめに気象情報を確認し、大雨になったらすぐ避難できるよう準備しておくことが必要です。

危ないと感じたら、ただちに警戒区域から離れ、指定の避難場所へ逃げましょう。家の外に出るのが危険な場合は、押し寄せる土砂に飲みこまれないよう、斜面とは反対側の2階へ避難することが有効な場合もあります。

おおあめに ちゅういする

おおあめから みを まもるには、どうすれば いいのかな。いつ どこで どれくらい ふりそうなのか てんきよほうで たしかめよう。

おおあめが ふるまえには、いろいろな まえぶれが あります。まえぶれが みられたら、そとには でず、いえのなかで ようすを みましょう。

いろいろな まえぶれ

つめたい かぜが ふく

あまぐもを つくるための あたたかい くうきが のぼるため、つめたい かぜが そらから おりてくる。

そらが くらくなる

くろい くもが きゅうに ひろがる。

おおきな くもが みえる

あめを ふらせる せきらんうんが みえる。

かみなりの おとが きこえたり、いなずま（→90ページ）**が みえる**

せきらんうんでは、かみなりが おきることが ある。

でかけるまえには、てんきよほうで あめの ふりかたを たしかめましょう。てんきよほうは、きしょうレーダーで、あまぐもの うごきを しめしたり、ちゅういほうや けいほうで、おおあめの きけんを しらせたりします。

きしょうレーダー

あまぐもの うごきを とらえる アンテナを つかって、6じかん さきまで あまぐもの うごきを よそくする。

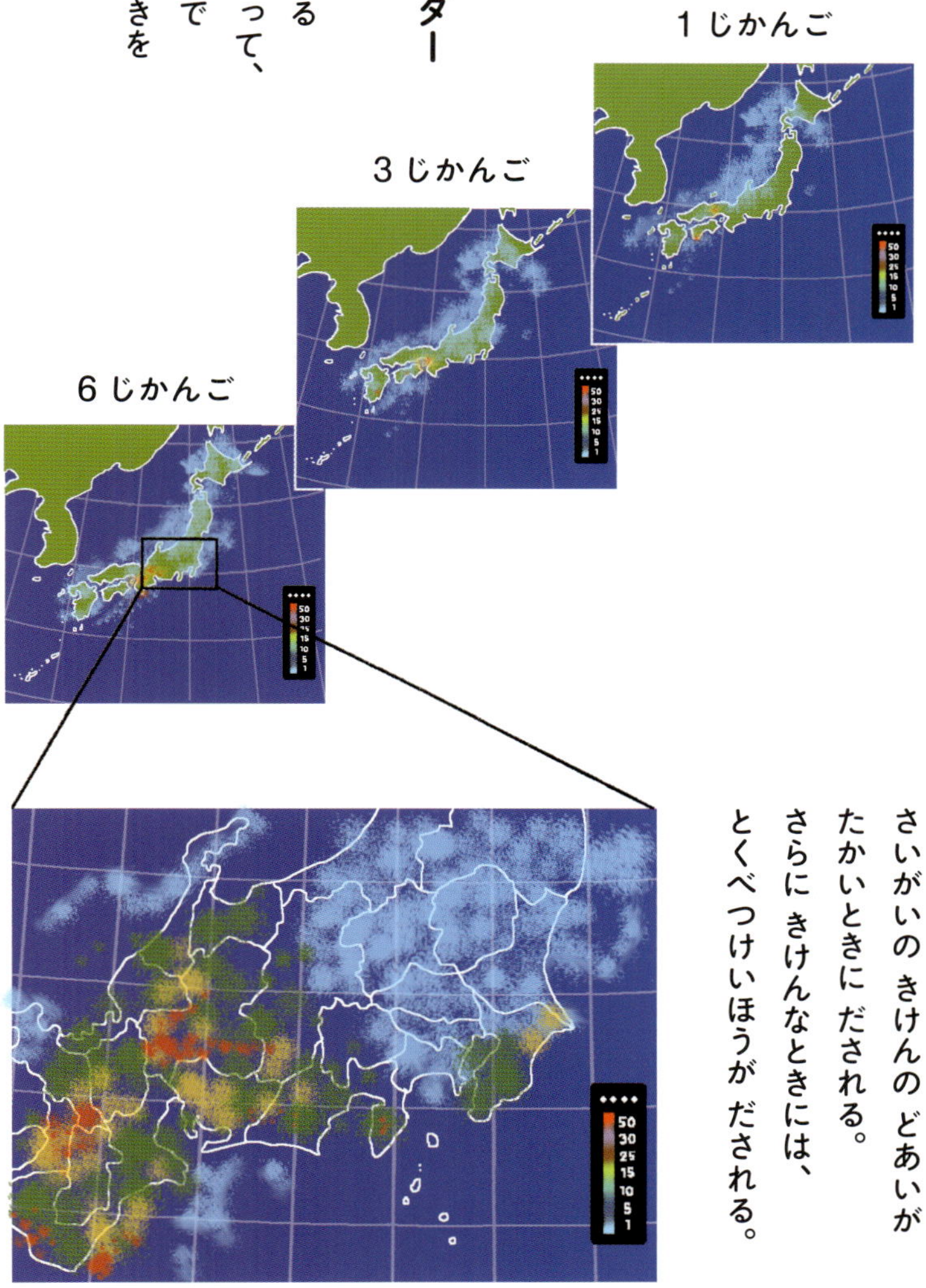

あめが つよく ふる ばしょは あかで、よわく ふる ばしょは みずいろで あらわされている。

ちゅういほう・けいほう

ちゅういほうとは おおあめや ぼうふうなどで、さまざまな さいがいが おきる きけんが あるとき、ちゅういを よびかける よほうの こと。けいほうは、ちゅういほうより、さいがいの きけんの どあいが たかいときに だされる。さらに きけんなときには、とくべつけいほうが だされる。

おうちのかたへ

気象庁は、大雨や強風などによって災害が起きる恐れがある時、「注意報」や「警報」を出して、注意を呼びかけます。注意報は災害の可能性を示唆しますが、警報は、注意報よりも緊急度が高く、大きな災害が起きる恐れがある時に発表されます。「特別警報」は、警報の基準をはるかに超えるような大きな災害が起きる危険性が高い時に発表されます。警報だけでは、どれくらい危険な状態なのか住民に伝わらず、避難につながらないことがあるためです。特別警報は、避難の必要性をわかりやすく伝え、住民に身を守る行動をとってもらうために、平成25年に新しく制定されました。

たいふうは どうして おきるの？

たいふうは、せきらんうんという
くもが おおきくなり うずを
まくように なって できるんだって。
どんなふうに できるのか みてみよう。

たいふうは、にほんより はるか
みなみの あたたかい うみの
うえで うまれます。
まうえから みると、うずを
まいているように みえます。
にほんに くるのは、
なつから あきに かけてで、
たいふうが ちかづくと、
おおあめが ふり、
はげしい かぜ（ぼうふう ↓89ページ）が
ふきます。

たいふうが できるまで

❶ たいように あたためられた
しめった くうきが のぼり、
せきらんうんが できる。
そこに うずを まいた
かぜが ふきこむ。

❷ そらに のぼる くうきが
うずを まくように なる。
せきらんうんは、
さらに おおきく なる。

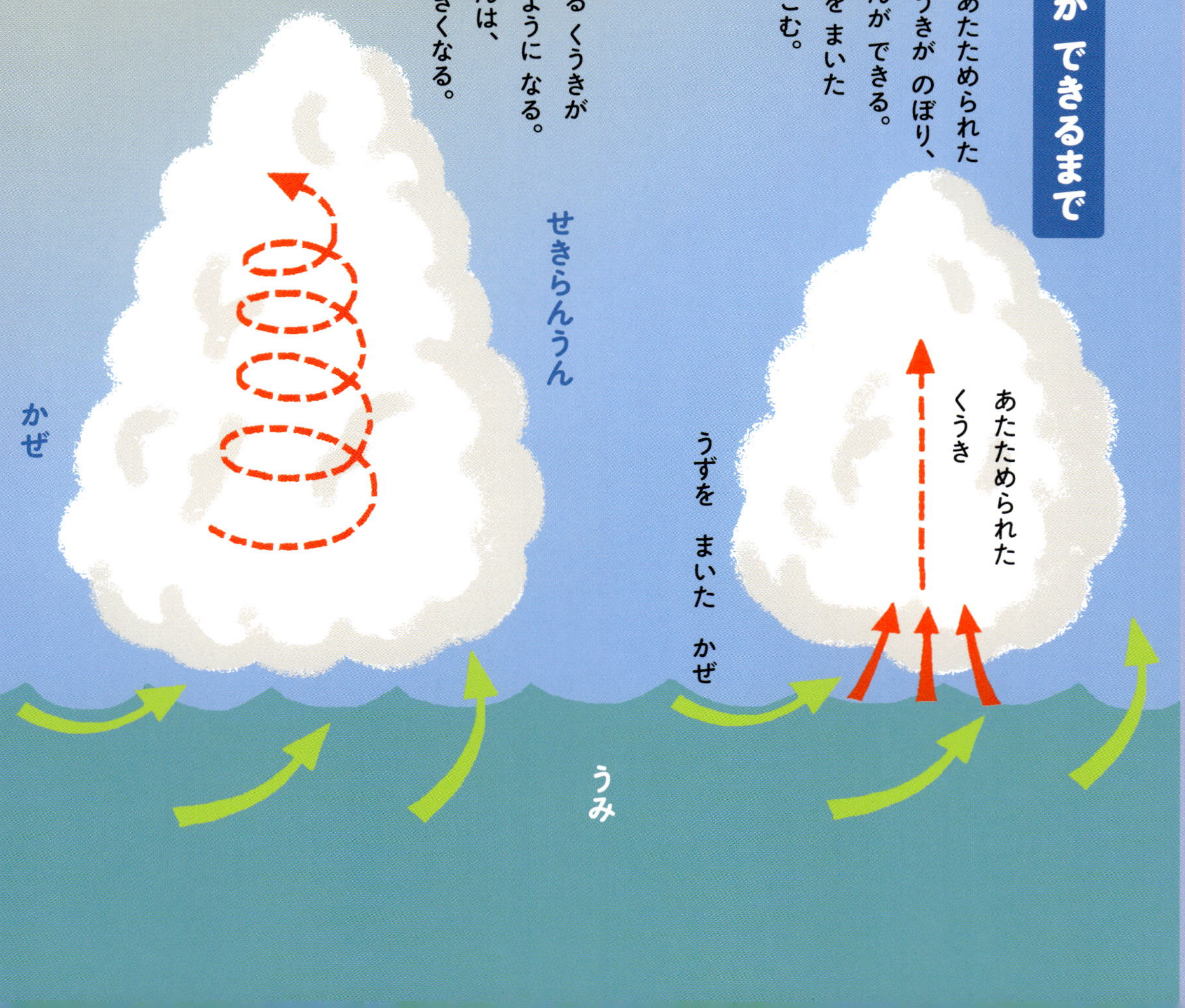

たいふうの さいご

たいふうは、くもの もとに なる あたたかい うみの みずが ないと、よわって しまいます。

そのため、りくちに あがったり、さむい きたの ほうへ いどうすると、よわまって きえて しまいます。

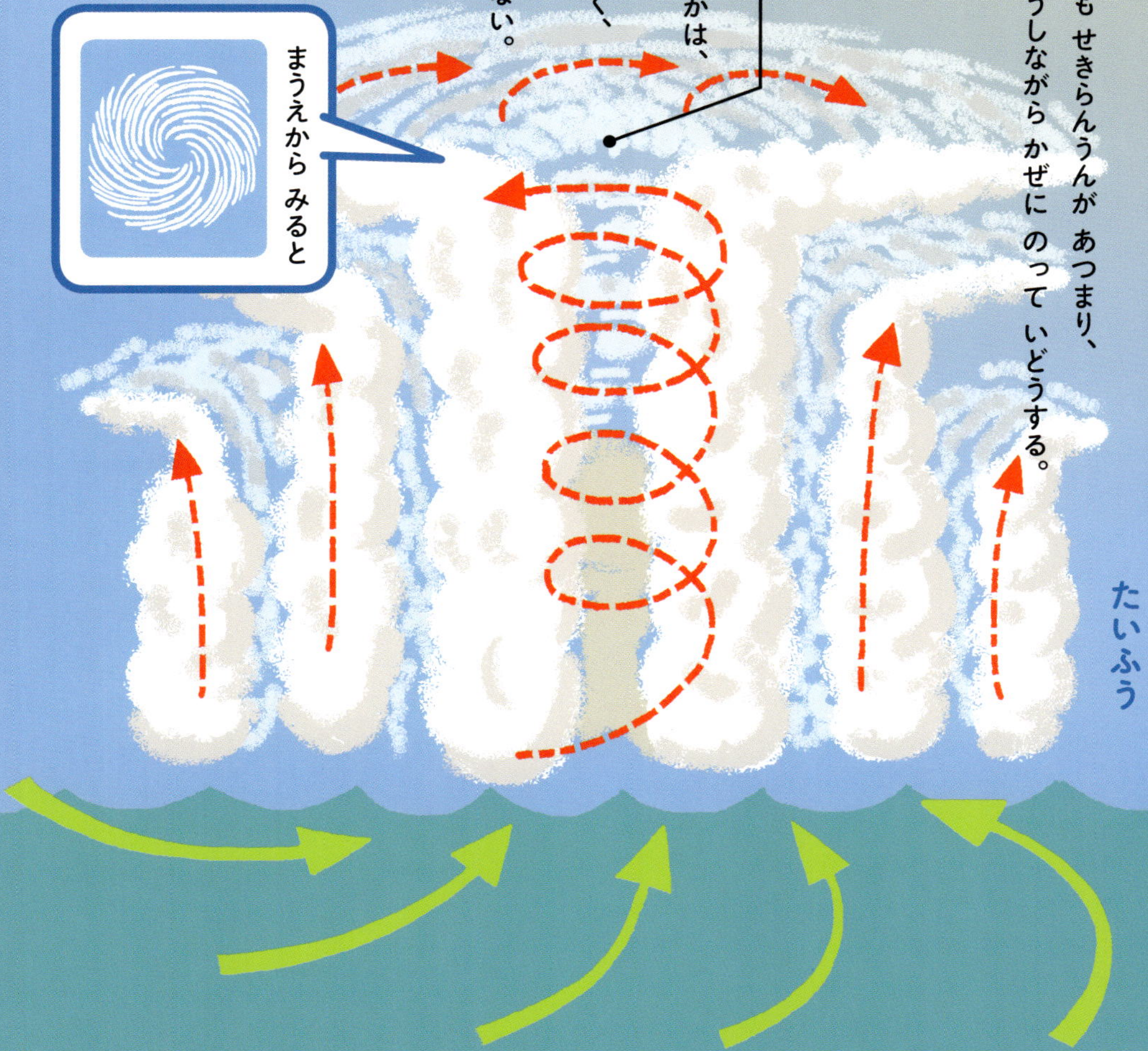
め
「め」の なかは、ほとんど くもが なく、かぜも ふいて いない。
まうえから みると
たいふう

❸ くうきの うずに よって せきらんうんの ちゅうしんに 「め」 と よばれる くうどうが できる。まわりにも せきらんうんが あつまり、せいちょうしながら かぜに のって いどうする。

おうちのかたへ

赤道付近で生まれた熱帯低気圧が発達すると台風となり、台風は暖かく湿った空気を大量にとりこみながら北上し、日本へ近づいてきます。

台風がはるか遠方の赤道付近にいる段階でも、日本で大雨の降ることがあります。それは、台風の影響で、大雨のもととなる暖かく湿った空気が、日本付近にある前線（暖かい空気と冷たい空気の境界）に流れ込み、前線を活発化させるためです。

このようなケースでは、台風が日本に接近する前から、長い期間にわたって大雨が降り続くことになり、大きな災害をもたらす危険性が高まります。

たいふうが くると どうなるの？

たいふうのときには、つよい かぜが ふいてよこからも あめが ふってくる。けがを しないために、どんなことに きを つければ いいのかな。

たいふうが ちかづくと、かぜと あめが つよくなります。そとに いると、きけんなので、はやめに かえり、いえで すごしましょう。

ものが とばされる

つよい かぜで、やねの かわらや、おおきな かんばんが とんでくることが ある。どうしても そとに でなければならないときは、ヘルメットなどを かぶって みを まもろう。

かわの みずが あふれる

おおあめによって かわの みずが ふえ、あふれて こうずい（→88ページ）に なることが ある。かわには ちかづかないように しよう。

かぜで あおられて ころぶ

つよい かぜで ころんだり、かさが こわれることも ある。ひとに あたると きけんなので、かさは もたず、レインコートを きるように しよう。

でんせんが きれる

つよい かぜで でんせんが きれることが ある。
きれた でんせんには さわらないように しよう。

でんしゃや バスが つかえなくなる

つよい あめや かぜが つづくと、でんしゃや バスなどが おくれたり、とまったりする。はやめに のりものに のって、いえに かえろう。

たいふうのときの うみ

たいふうのときは すいめんや なみが たかくなるため、うみの ちかくには ちかづかないように しましょう。

くうきが したから うえへと あがるため、うみの みずも おなじように ひきあげられ、すいめんの たかさが あがる。
また、たいふうの かぜが うみから りくに ふきつけるため、なみが たかくなる。

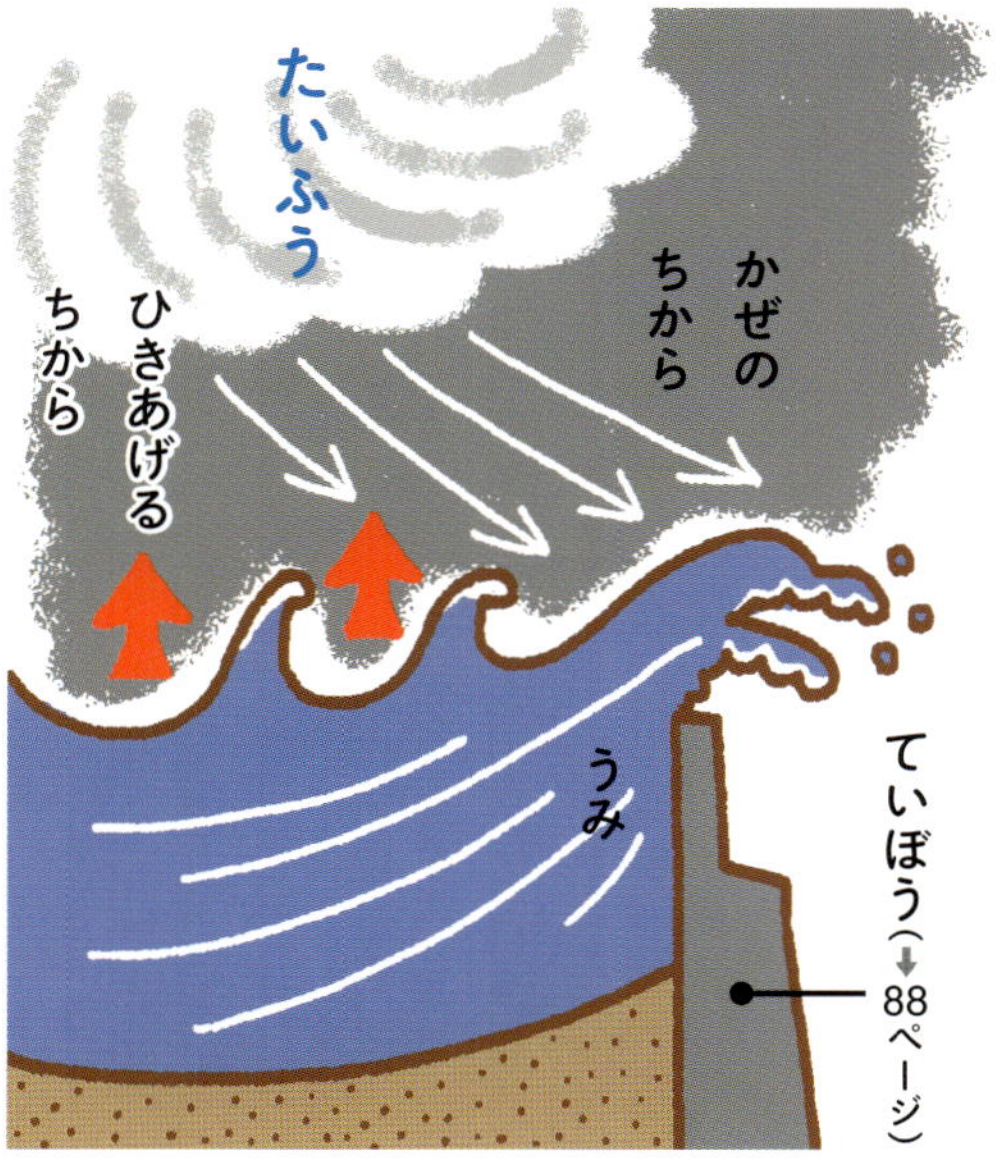

おうちのかたへ

台風の災害の特徴は、大雨のほかに、暴風、高潮、高波が加わることです。大雨で河川や用水路などが増水し、冠水や浸水、土砂災害を引き起こします。暴風によって電線が切れて停電が起きたり、電車やバスなどの交通機関が止まったりすることもあるほか、風で飛ばされてきたものが当たったり、勢いよく閉まったドアに指を挟んだりして怪我をすることもあります。また、台風は高潮を引き起こし、さらに、暴風によって沖から高波が押し寄せるため、海面は一層高くなります。台風が近づいている時は、外へは出ず、用水路や海岸などに決して近づかないようにしましょう。

たいふうに そなえる

たいふうが やってきても
こまらないためには、
どんなじゅんびを しておくと
よいのかな。

たいふうの ひがいを すくなくするためには、
いろいろな じゅんびを しておく
ひつようが あります。
つよい かぜが ふきはじめるまえに、
おこないましょう。

はやめに いえに かえる

かぜが つよくなるまえに、
いえに かえろう。
でんしゃや バスが とまる
ことも ある。

とばされそうなものは いえのなかへ いれる

うえきばちや バケツなど、
かぜで とばされそうなものは、
いえのなかに しまおう。

あまどや シャッターを しめる

ものが とんできて、
まどが われるかもしれないから、
あまどを しめよう。
あまどが ないばあいは、
きの いたなどを うちつけよう。

いえのなか

たいふうじょうほうを みておく

たいふうが いま どこに いるのか、また、ちゅういほう、けいほう（➡69ページ）などは でていないか、テレビや ラジオで たしかめよう。

みずを くんでおく

おおあめや ぼうふうによって すいどうが とまり、トイレの みずも ながせなくなることが ある。みずを くんでおいたり、おふろに みずを ためておいたりすると よい。

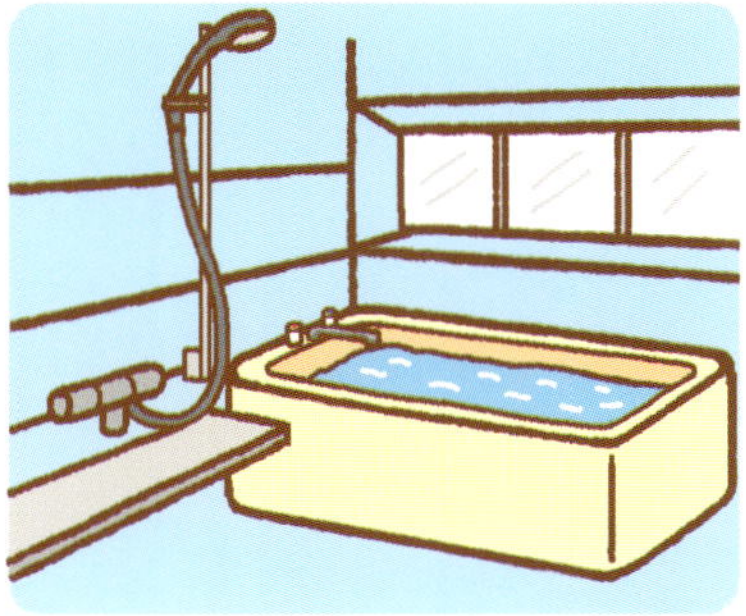

でんきが とまったときに そなえる

おおあめや ぼうふうによって でんきが とまってしまうこと（ていでん➡90ページ）が ある。かいちゅうでんとうを じゅんびしよう。

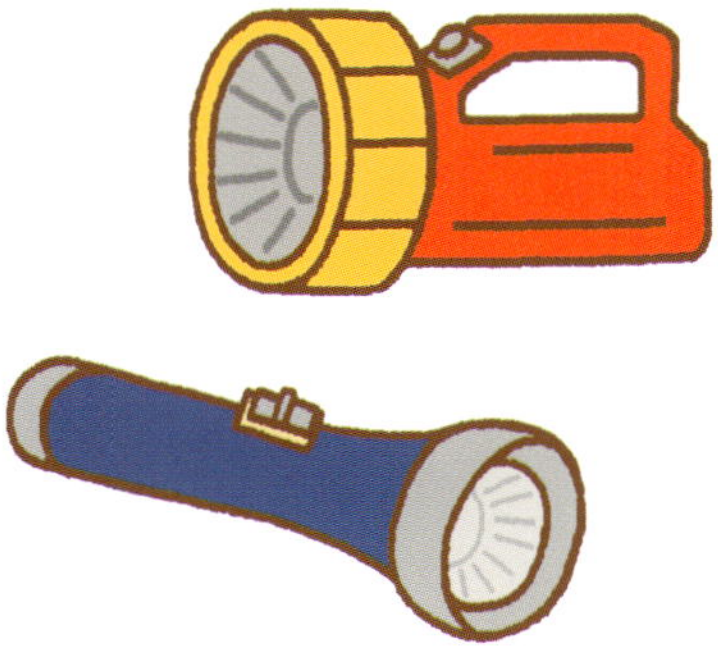

ひなんようの リュックを じゅんびする

のみみずや たべもの、けいたいラジオなどを いれた ひなんようの リュックを じゅんびしよう。ねるとき、まくらもとに おいて、いつでも もちだせるように しよう。

おうちのかたへ

家の前の側溝の掃除をして水はけをよくしたり、屋根や塀、壁などがこわれていないか点検をしたりして、普段から、家の周辺に関する台風への備えを十分にしておく必要があります。また、大型の台風などで浸水の恐れがある時には、家の中でも注意が必要です。被害を受けないように、家財や家電などを高い場所や2階に移しましょう。また、事前に避難場所として指定されている場所を確認しておき、家族との連絡方法も決めておくとよいでしょう。避難勧告や避難指示が出た場合は、荷物は最小限にして、はやめの避難を心がけることも大切です。避難勧告が出ていなくても、危険を感じたら自主的に避難しましょう。

かみなりは どうして おきるの？

ゴロゴロと おとが なり、
ピカッと ひかる かみなり。
おおきな おとに びっくりするね。
かみなりは どうして おきるのかな。

かみなりは、くものなかで、こおりの つぶが ぶつかりあって、でんきが うまれることで おきます。でんきが いっぱい たまると、かみなりと なって おちるのです。

かみなりが おきる しくみ

❶ こおりの つぶが ぶつかりあう

くものなかに ある こおりの つぶが はげしく ぶつかりあうと でんきが うまれる。
このとき、ゴロゴロと おとが なったり、ピカッと ひかったりする。

❷ でんきが じめんに おちる

くものなかで うまれた でんきが たまり じめんのうえに おちる。
これを らくらい（↓90ページ）と いう。

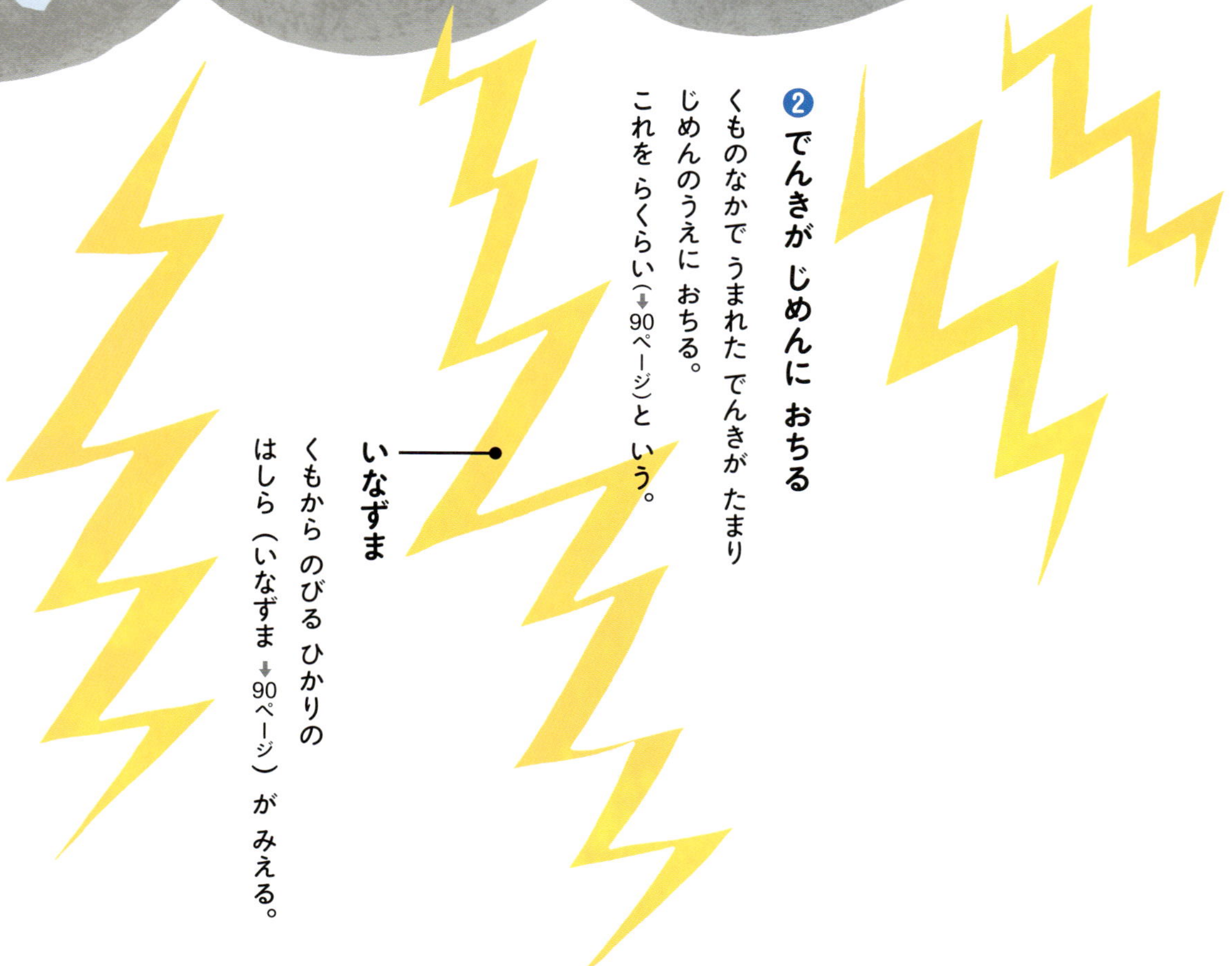

くもから のびる ひかりの はしら（いなずま ↓90ページ）が みえる。

かみなりは、まわりで いちばん
たかいものに おちます。
ちかくに いると、
かんでん(→90ページ)して
しまうことが あるので、
たかいものから はなれましょう。
また、グラウンド、すなはまなど、
まわりに なにも ない ばしょだと、
ひとにも おちることが あります。

かみなりは、き、てっとう、やまのうえなど、
たかいものに、おちやすい。
ひらいしん
たてものへの らくらいを ふせぐために
たてられた きんぞくの ぼう。
ここで かみなりを うけとり、
でんきを じめんに ながす。

おうちのかたへ

雷はとても大きな電気の力を持っています。雷の電圧（ボルト）は、1億ボルトくらいあるといわれています。家庭の電気の電圧100ボルトにくらべると、100万倍の大きさです。雷が人間の身体に落ちた場合は感電して、命を落とすこともあります。

雷と距離がある時は、稲妻が見えたあとに、遅れて音がとどきます。しかし、距離があるからといって安全というわけではありません。雷鳴が聞こえる場所にいる時は、いつでも落雷の可能性があります。雷が遠いから危険は少ないと判断せずに、すぐに避難しましょう。

かみなりから みを まもる

かみなりが なったら そとに いると
とても あぶないよ。
すぐに たてもののなかに はいって
かみなりから みを まもろう。

かみなりの おとが きこえたり、いなずま（→90ページ）が みえたら、かみなりが ちかづいている しるしです。かみなりの おちにくい ビルや くるま、でんしゃのなかなどに ひなんしましょう。いえのなかでも、ちゅういすることが あります。

そとに いるとき

がんじょうな たてものに ひなんしよう

ビルなど てっきんコンクリートの たてもののなかに はいろう。たてもののなかに かみなりが はいってこないよう、たてものの まどは かならず しめよう。

ひろい ばしょから はなれよう

すなはま、グラウンドなど ひろい ばしょから はなれよう。ひろくて まわりに なにも ないと、そこに いる ひとに かみなりが おちやすい。

たかいものから はなれよう

でんちゅうや きなど たかいものには かみなりが おちやすいので、たかいものから はなれよう。

ちかくに たてものが ないときは しゃがむ

まわりに ひなんできる たてものが ないときは、「かみなりしゃがみ」の しせいを とろう。

りょうてで みみを ふさぐ
あたまを したに さげ、しせいを ひくくする
りょうあしの かかとを あわせて、つまさきで たつ。

いえのなかに いるとき

コンセントを ぬこう

かみなりの でんきが
コンセントを とおして
いえのなかに はいってくると、
でんきせいひんが こわれたり、
かんでん（➡90ページ）することが ある。
コンセントは ぬいておこう。

かべから はなれよう

いえに かみなりが
おちたばあい、
かみなりの でんきは
かべを つたってくるため、
かべから 1メートルほど
はなれよう。

みずまわりから はなれよう

みずは でんきを とおしやすい。
すいどうかんに
かみなりが おちて、
そこから でんきが
ながれてくることが あるので、
みずの でるものには
さわらないように しよう。

すいどう

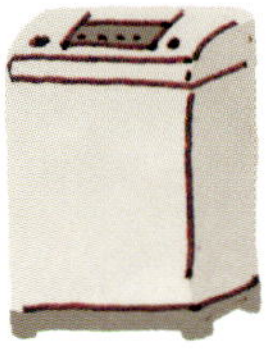

せんたくき

おふろ

かみなりの まえぶれ

かみなりを うみだす くもは
はったつした せきらんうんです。
かみなりが やってくるまえには、
いくつかの まえぶれが
みられます。

そらに くろい くもが ひろがる

ぶあつい せきらんうんのしたは
まっくらに なる。

つめたい かぜが ふく

せきらんうんが
はったつしているとき、
つめたい かぜが ふく。

おうちのかたへ

雷は、雷の近くにある高いものに落ちる傾向があるため、釣竿などの細長いものを持っていると、そこに落雷する恐れがあります。落雷の危険がある時は、細長いものを手離し、すぐに避難しましょう。近くに避難する場所がない場合に、しゃがんで危険を回避する「雷しゃがみ」という対処法があります。両足のかかとを合わせるのは、雷の電気が足から侵入しても、電気を足から足へ誘導することで、上半身に電気が回らないようにするためで、つまさき立ちをするのは、地面に接する面をできる限り小さくし、電気の侵入を最小にとどめるためです。また、車の中では、金属の部分にはさわらないようにしましょう。

おおゆきが ふると どうなるの？

たくさんの ゆきが ふると
まちじゅうが ゆきで いっぱいに なって、
とても あるきにくいね。
ころばないように きを つけよう。

おおゆきが ふると、まちのなかは
あるきにくくなります。
くるまや でんしゃや バスなどが
うごかなくなることも あります。

やねが こわれる
ゆきの おもみで
やねが こわれることが ある。
たくさん つもらないうちに
ゆきおろし（↓90ページ）を しよう。

きが おれる
ゆきの おもみで
きの えだが おれたり、
えだから ゆきが
おちてきたりして あぶない。
うえのほうにも ちゅういしよう。

あるきにくくなる
みちに ゆきが ふりつもると
あしを とられて あるきにくくなる。

おうちのかたへ

大雪が降ると、積もった雪に足をとられ、滑ったり転んだりしやすくなるので、外出する際には必ず長靴を履き、十分に気をつけて歩きましょう。また、路上でも注意が必要です。側溝や縁石などが雪で見えなくなっていたり、歩道に積み上げられた雪のために車との距離が近くなったりします。雪の中で走行する車はスリップしやすいため、車からはできるだけ離れましょう。木や屋根に積もった雪が突然落ちてくることもあります。下敷きにならないように頭上にも注意をはらうことが必要です。また、屋根の上で雪下ろしをおこなう際には、転落しないよう足元には十分注意しましょう。

でんせんが きれる

ゆきが ふりつもった せいで でんせんが きれて、ていでん（↓90ページ）に なる ことも ある。

くるまが はしれなくなる

すべらないように タイヤに チェーンを つけて ゆっくり はしらないと きけんなので、みちが とても こんで じゅうたいが おきる。

いえから でにくくなる

いえの でいりぐちの まえに ゆきが つもり、でいりぐちが ひらかなくなる。はやめに ゆきかきを しよう。

おおゆきが つもったら

おおゆきが ふったあと、
あんぜんに そとを あるくには、
どんなことに きを つけたら
いいのかな？

ゆきが つもった つぎの ひは、
みちが こおって すべりやすくなり、
ゆきが ふった ひよりも、ずっと きけんです。
みに つけるものや あるきかたにも
ちゅういを しましょう。

すべりやすいところに きを つける

おうだんほどうや、
えきや たてものの でいりぐちなどは、
すべりやすいので きを つけよう。
ゆるやかな さかみちや かいだんも すべりやすい。
とくに くだりのときは きを つけよう。

じてんしゃは おして あるく

こおった みちを じてんしゃで はしると、
すべったり ころんだりして、
おおきな じこに つながるかもしれない。
かならず おして あるこう。

しゃどうから はなれて あるく

ほどうの わきで すべると、
しゃどうに とびだしてしまうかもしれない。
あぶないので、かならず しゃどうから はなれて
ほどうの まんなかを あるこう。

ゆきの ひの ふくそう

ぼうし

さむさを ふせぎ、
ころんだときに
あたまを まもる。

てぶくろ

ころんだとき、
こおりで けがを
しないように はめよう。

コート

ころんだときに
こしを まもるため、
ながめのものが よい。

リュック

りょうてが
つかえるように
リュックに しよう。

ながぐつ

くつのなかに ゆきが はいらないように、
ながぐつを はこう。
そこが つるつるの くつは
すべりやすいので、
ぎざぎざした、すべりどめが
ついているものに しよう。

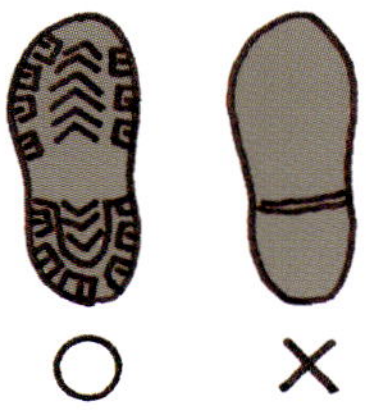

こおった みちでの あるきかた

つまさきや かかとから
じめんに つくと
すべりやすいので、
あしのうらぜんたいを
じめんに おろすように
あるこう。
まえかがみに なり、
せまい ほはばで
あるくと よい。

あしのうら
ぜんたいを つける。

もし すべってしまったら

ころびそうに なったら、
てを つかず、
なるべく しりもちを
つくように しよう。

おうちのかたへ

めったに大雪とならない都市部でも、一度雪が降ると、歩くことも困難になります。降雪の翌日以降に路面が凍結して起きる転倒事故も深刻なため、はやめに家のまわりの除雪作業をおこなうとよいでしょう。除雪用のスコップは都市部でも準備しておくべきです。

また、大雪が続くと交通機関が麻痺し、地域が周りから孤立してしまうことがあります。すると、物流が途絶え、食料品や日用品が品薄になるなど、人々の生活に大きな影響を与えます。大雪で外出できないことを想定し、1週間分の水、食料品、灯油などを備蓄しておくとよいでしょう。

たつまきは どうして おきるの？

たつまきを しって いるかな。
おおきな うずを まいた
つよい かぜが ふいてきて、
いろんな ものを ふきとばすんだよ。

たつまきは、せきらんうんの したで、
あたためられた くうきが はげしく うずを まいて
そらに のぼる ことで できます。
くるまが はしる くらいの
スピードで すすみながら、
きや いえの やねを ふきとばします。

たつまきが おきるまで

❶ あたたかく しめった くうきが
うえの ほうに のぼり、 せきらんうんが できる。

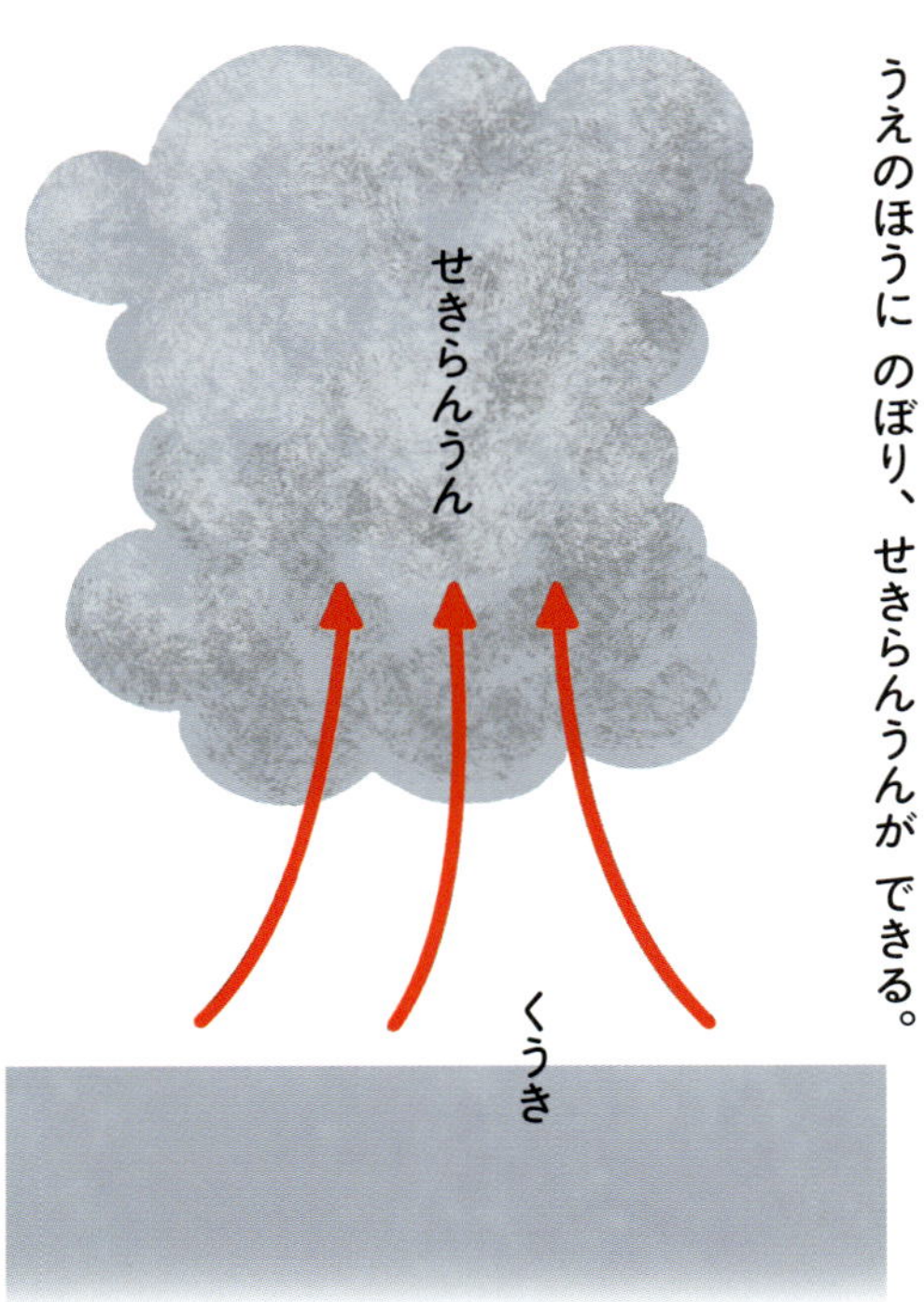
せきらんうん
くうき

❷ そこに まわりの くうきが ながれこみ、
うずに なり、 すいあげられる。

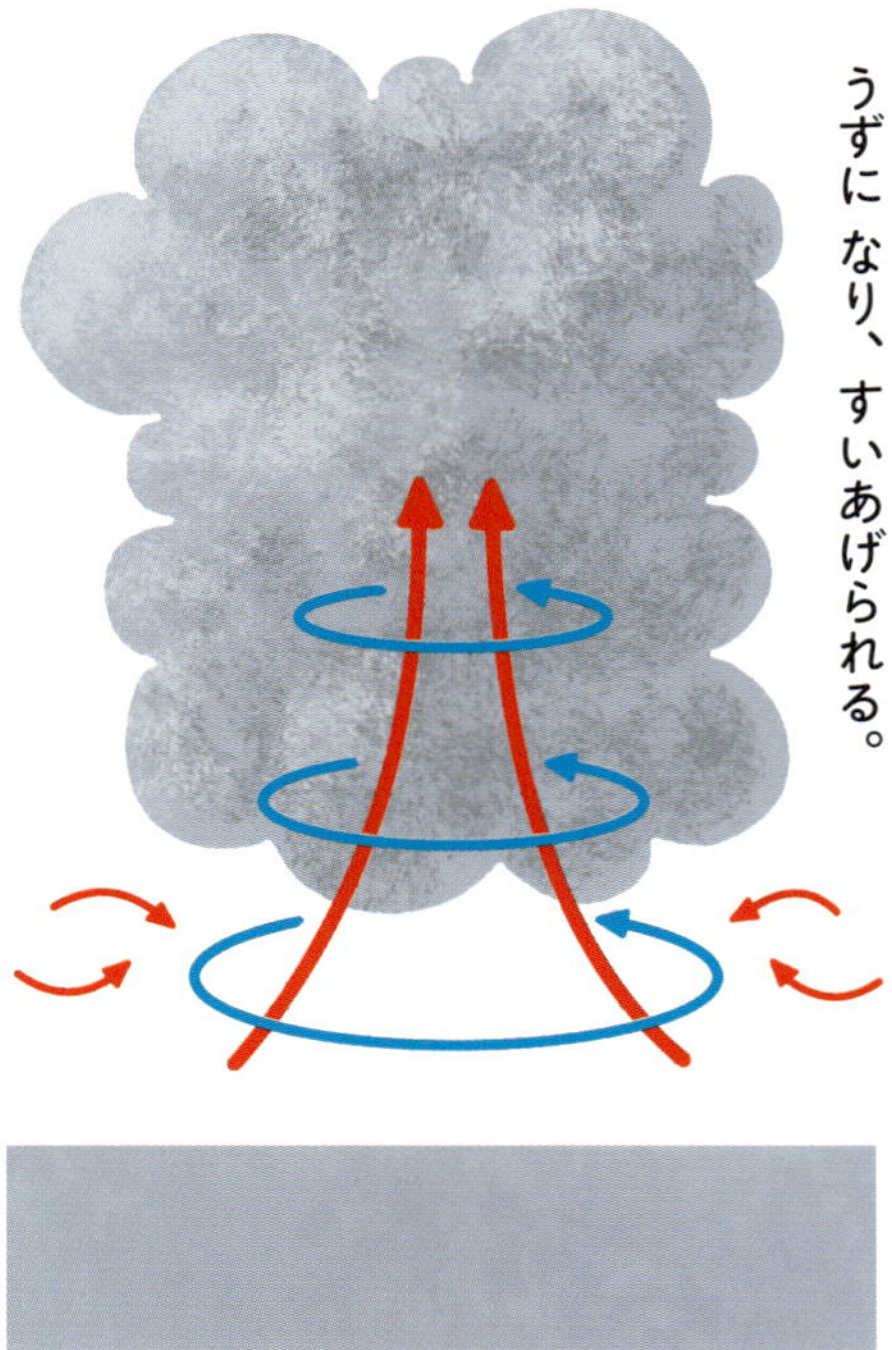

❸ うずを まいた くうきに よって せきらんうんの
そこの くもが たれさがり、 たつまきが うまれる。

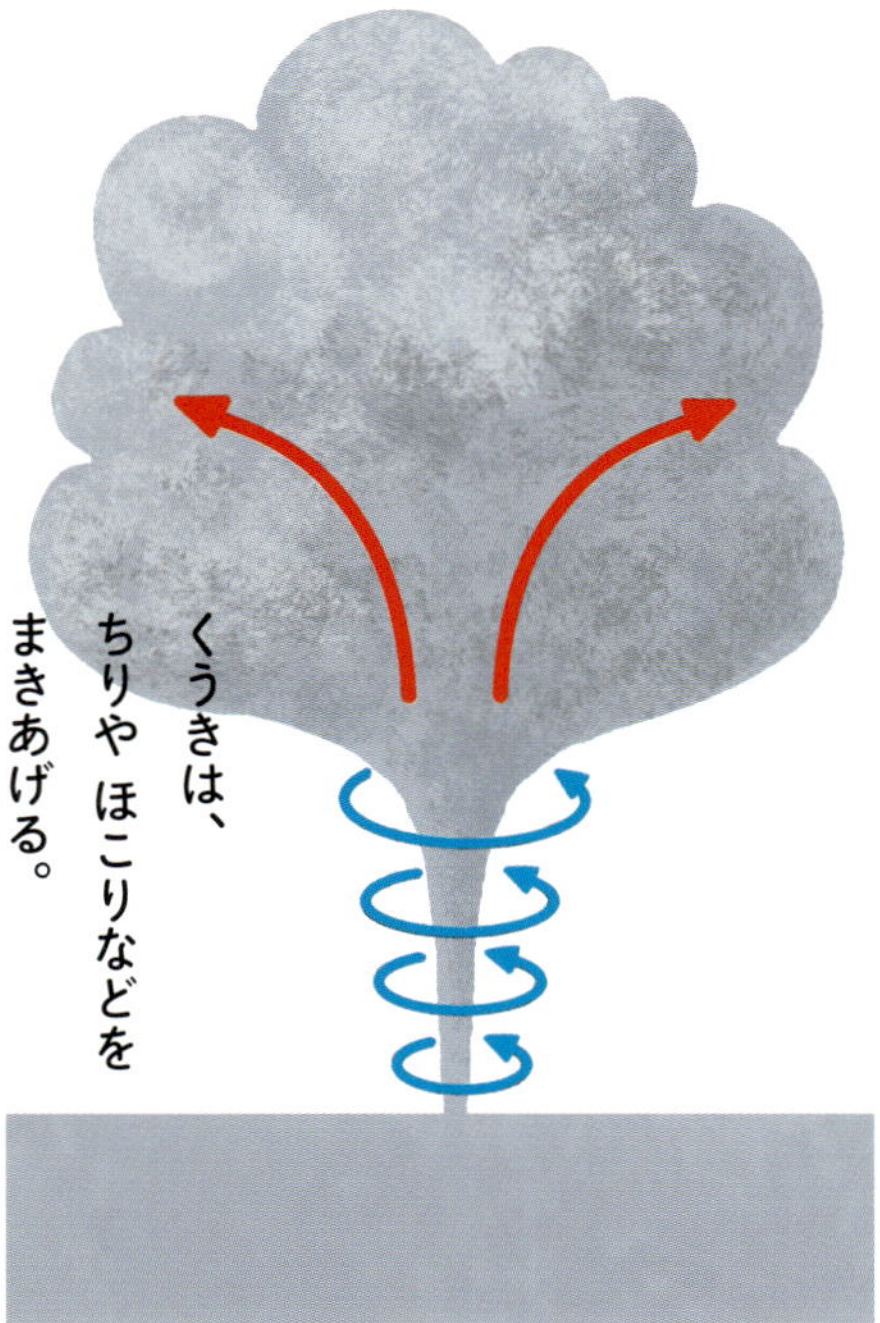
くうきは、
ちりや ほこりなどを
まきあげる。

たつまきが おきる しくみは はっきりとは わかって いません。
そのため、いつ、どこで おきるのか、
おきるまえに しることは むずかしいと いわれて います。
まえぶれが みられたら、そとに でかけるのを ひかえるなど、
ちゅういを しましょう。

たつまきの まえぶれ

ちぶさぐもが みえる

ちぶさぐもと いう なまえの、せきらんうんから たれさがった こぶのような くもが みえる。

かみなりが なる

たつまきを うみだす せきらんうんでは、かみなりが よく おきる。

ひょうが ふる

たつまきを うみだす せきらんうんから、ひょう（➡90ページ）が ふって くることが ある。

つめたい かぜが ふく

たつまきが できるまえに、せきらんうんから つめたい かぜが ふく。

おうちの かたへ

竜巻は、全国で1年間に平均25個ほど確認されています。竜巻は、必ず積乱雲の下で発生します。地表付近で回転している空気が上昇気流によって上下に引き伸ばされると、回転のスピードが速まり、竜巻へと変化します。ただ、竜巻の発生メカニズムは完全に解明されているわけではなく、いつ、どこで発生するのか、予測は難しいといわれています。気象庁は、大気の状態が不安定になり、発達した積乱雲の下で激しい突風が予測される時など、今まさに竜巻が起きそうな時に「竜巻注意情報」を発表します。その前にも、雷注意報の付加事項として竜巻への注意を呼びかけることもあります。

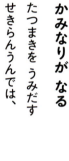

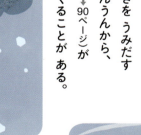

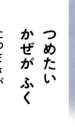

たつまきから みを まもる

とつぜん あらわれ、おおきなものも ふきとばしてしまう たつまき。もし、たつまきを みつけたら、すぐに がんじょうな たてものに にげこもう。

たつまきが もたらす はげしい かぜは、いえを こわしたり、くるまを もちあげたりすることも あります。かぜが ふく ばしょは せまいのですが、うごく スピードは くるまが はしるのと おなじくらい はやいため、すぐに あんぜんな ばしょに にげないと いけません。

かざしもを さけて にげる

たつまきは、まわりの かぜに ながされながら うごくため、かざしもを さけて、にげよう。

みぞや くぼみに にげこむ

ちかくに がんじょうな たてものが ないときは、かぜが ふきこみにくい みぞや くぼみなどに にげこみ、みを かがめて りょううでで あたまと くびを まもろう。

ぜったいに くぼみから あたまを ださないように しよう。

がんじょうな たてものに にげこむ

てっきんコンクリートなどで つくられた
がんじょうな たてものの なかに にげこもう。
くるまや プレハブの たてものなどは
かぜで ふきとばされることも あるので、
にげこまないように しよう。

いえのなか

シャッターや あまどを おろす

まどガラスが われて、
かぜが ふきこまないように、
シャッターや あまどを しめよう。
シャッターなどが ないときには、
カーテンを ひいておこう。

ちかしつ、おふろ、トイレ、
クローゼットのなかも
たつまきの かぜを
ふせぐことが できる。

まどから はなれよう

まどガラスが われるかもしれないので、
まどから はなれよう。1かいの へやの
まんなかで がんじょうな つくえの
したに もぐり、みを かがめよう。

おうちのかたへ

家が竜巻に襲われた時、突風や飛散物により窓ガラスが割れることがあり、非常に危険です。けれど、窓ガラスに飛散防止フィルムを貼っておくと、ガラスの破片が飛び散るのを防げます。これは、竜巻だけではなく、地震や台風の時の備えにもなるので、ぜひやっておきましょう。窓ガラスが割れた時は、ガラス片で怪我をしないように、家の中でもスリッパや靴などを履いて行動するとよいでしょう。

学校や園では、防災ずきんを用意しておき、竜巻に襲われた時は、ヘルメットや防災ずきんをつけて、風が吹きこまない非常階段、踊り場など、安全な場所へ避難しましょう。

あめ、かぜ、ゆき、かみなりに かんけいする ことば①

ごうう

はげしく たくさん ふる
あめのこと。
あるばしょで なんじかんか
つよく たくさん ふる あめを
しゅうちゅうごうと いう。
また、せまい ばしょで きゅうに
みじかい じかん はげしく ふる
あめを きょくちてきおおあめと
いう。
きょくちてきおおあめのことを
ゲリラごううとも よび、
よそくするのは むずかしい。

こうずい

あめや ゆきどけによって
かわの みずが いっきに ふえて
かわから あふれること。
あふれた みずが まちに
おしよせることも ある。

かんすい

こうずいのために、
どうろ、たんぼ、はたけなどが
みずに つかること。

あめの つよさ

てんきよほうでは、あめの つよさを
1じかんに ふる あめの りょうで あらわす。

やや つよい あめ

1じかんに 10~20ミリ
ふる あめ。
ザーザーと ふる。

つよい あめ

1じかんに 20~30ミリ
ふる あめ。
どしゃぶりで かさを
さしていても ぬれる。

はげしい あめ

1じかんに 30~50ミリ ふる あめ。
バケツを ひっくりかえしたように ふり、
どうろが かわのように なる。

ひじょうに はげしい あめ

1じかんに 50~80ミリ ふる あめ。
たきのように ふり、
かさは やくに たたない。

もうれつな あめ

1じかんに 80ミリいじょう ふる あめ。
いきぐるしくなるような はげしさで、
あめによる さまざまな さいがいが
おきやすくなる。

ていぼう

かわや うみの みずが
まちや むらに
はいってこないように、
つくられたもの。

あめ、かぜ、ゆき、かみなりに かんけいすることば②

ていきあつ

みずを ふくんだ くうきが、まわりから ふきこんで そらに のぼり、くもが できやすい。ていきあつの ちかくは てんきが わるい。たいふうは、ていきあつの なかま。こうきあつは、はんたいに、そらから どんどん くうきが おりてきて、よく はれて くもが できにくい。

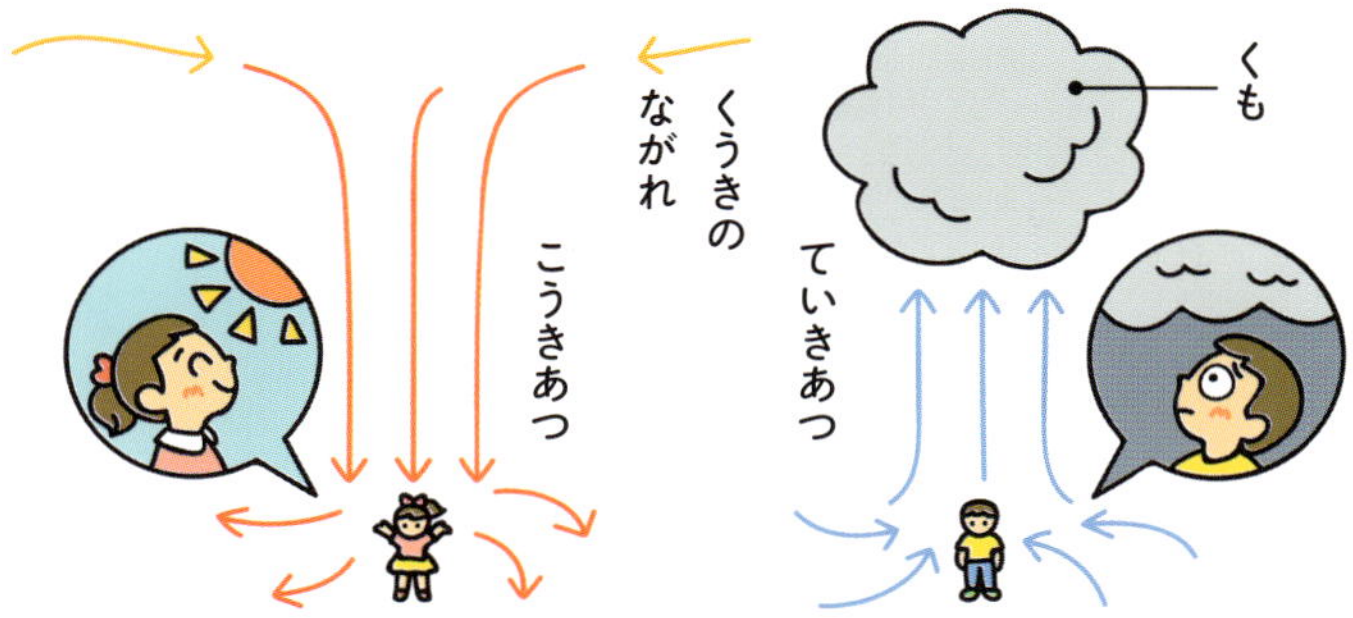

ヘクトパスカル

くうきの あつりょく（きあつ）を あらわす。たいふうの きあつが、まわりの ばしょより ひくければ ひくいほど かぜが つよくなる。

よそうしんろ

たいふうの いきさきを、よそうしたもの。

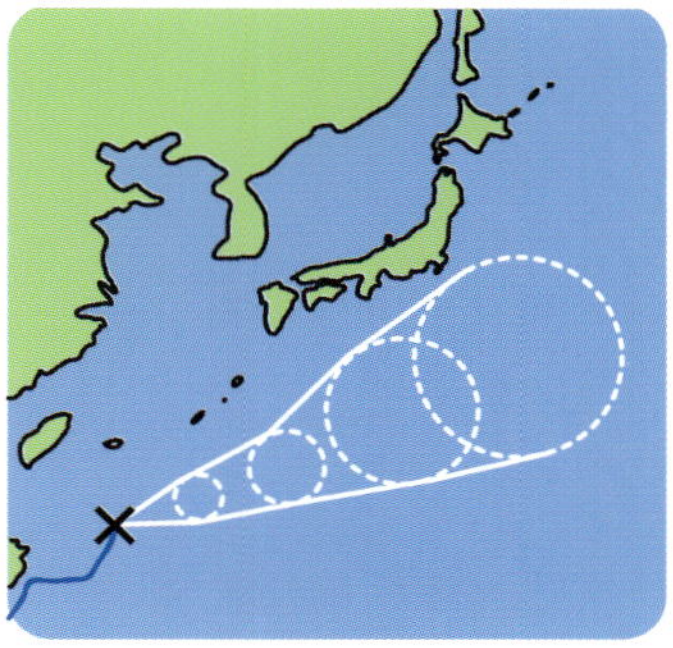

よほうえん

たいふうの ちゅうしんが とおると よそうされた はんい。

たいふうの ちから

かぜの つよさと おおきさで あらわすことが できる。

かぜの つよさ

1びょうかんに かぜが すすむ はやさで あらわす。1びょうかんに 15メートルいじょう すすむ かぜを きょうふう、25メートルいじょう すすむ かぜを ぼうふうと いう。

- ふうそく33メートルから 44メートルまでを つよい たいふうと よぶ。
- ふうそく44メートルから 54メートルまでを ひじょうに つよい たいふうと よぶ。
- ふうそく54メートルいじょうを もうれつな たいふうと よぶ。

おおきさ

1びょうかんに 15メートルいじょうの かぜが ふく ばしょの ひろさで あらわす。

おおがた たいふう

1000キロメートルから 1600キロメートルの えんのなかで つよい かぜが ふく。

ちょうおおがた たいふう

1600キロメートルいじょうの えんのなかで つよい かぜが ふく。

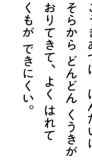

とうけつ

きおんが ひくくなり、ぬれた じめんが、こおること。

ゆきおろし

やねなどの うえに つもった ゆきを おとすこと。

じょせつ

ふりつもった ゆきを とりのぞくこと。

じょせつを する せんようの くるまも ある。

ひょう

おもに せきらんうんから ふる 5ミリメートルいじょうの こおりの つぶ。5ミリメートルよりも ちいさい つぶは 「あられ」 と いう。

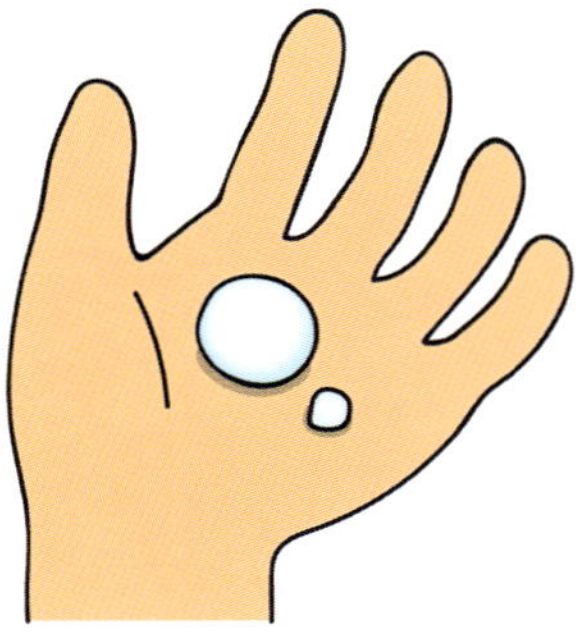

いなずま

かみなりが おちるときに みえる ひかりの はしら。「いなびかり」 とも いう。

らくらい

かみなりが おちること。らくらいに よって かんでんや ていでんが おきることが ある。

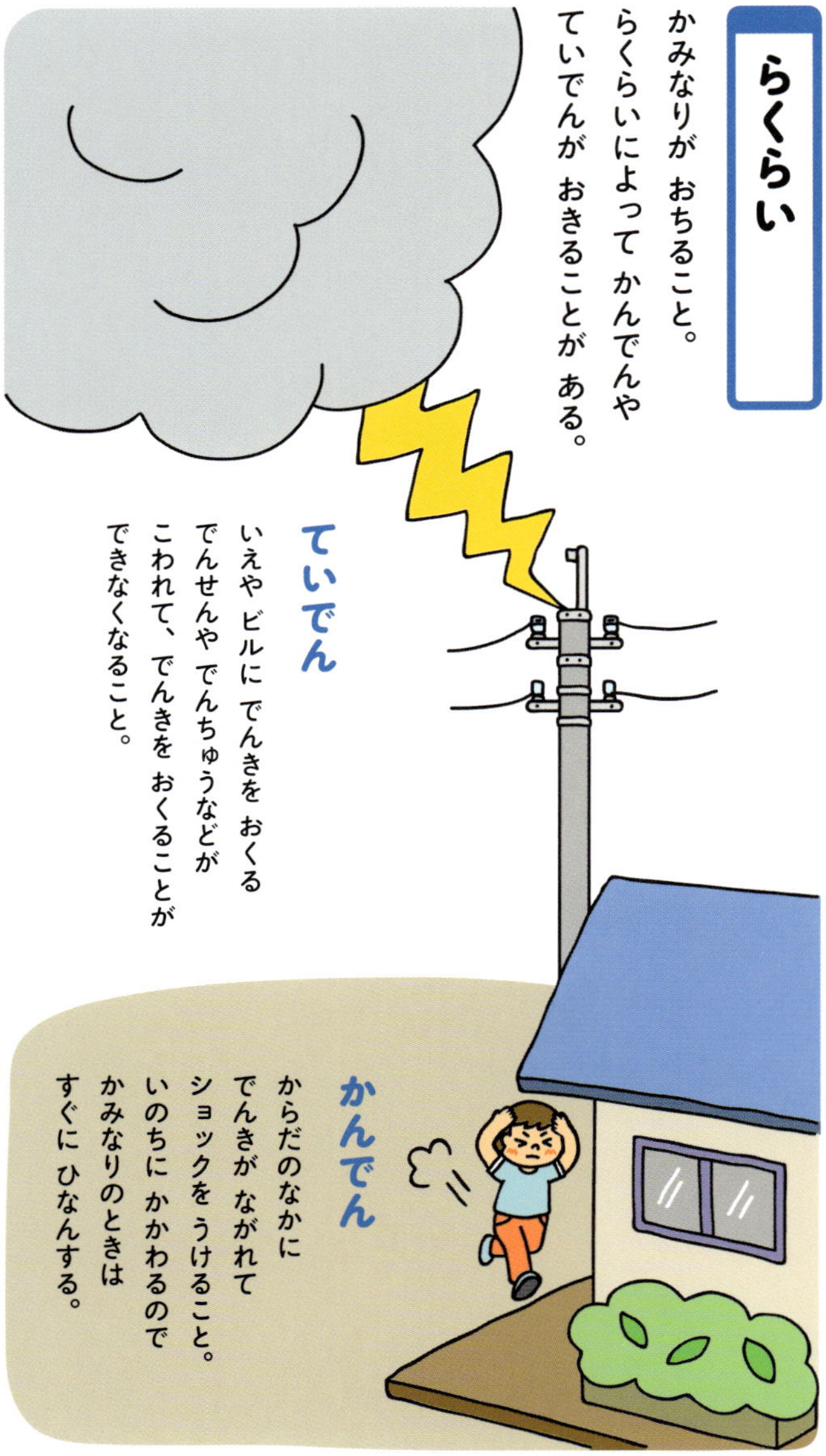

ていでん

いえや ビルに でんきを おくる でんせんや でんちゅうなどが こわれて、でんきを おくることが できなくなること。

かんでん

からだの なかに でんきが ながれて ショックを うけること。いのちに かかわるので かみなりの ときは すぐに ひなんする。

5

じしん、つなみ、かざんの ふんか

じしんは どうして おきるの？

じしんが おきると、じめんが おおきく ゆれるね。じしんは じめんのしたに ある おおきな いわが ずれて おきるんだよ。

じめんのしたには、プレートという おおきな いわの いたのようなものが あります。プレートと プレートの さかいめでは、よく、じしんが おきます。

ちきゅうは、じゅうすうまいの プレートに おおわれている。

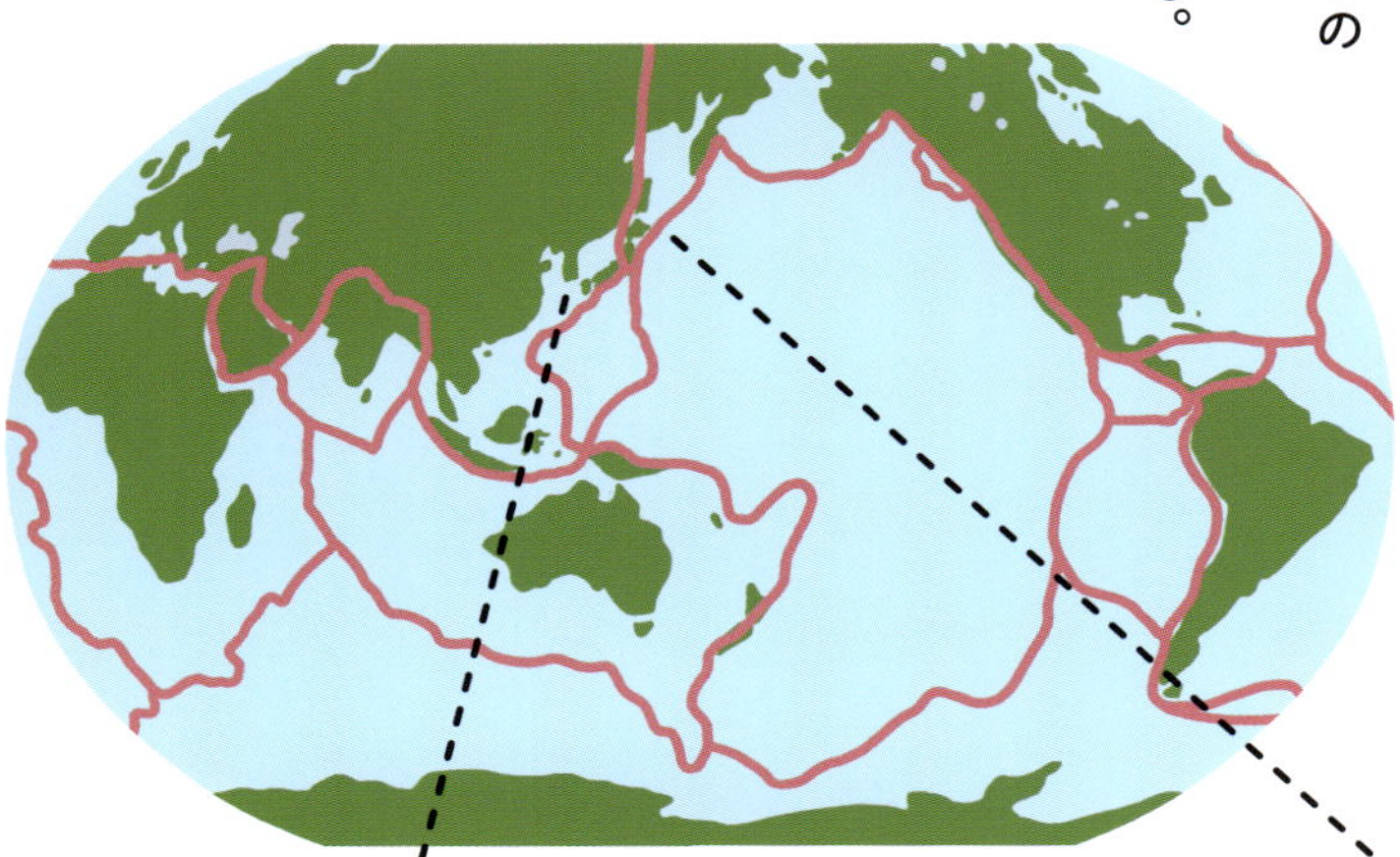

にほんの まわりの プレート

きたアメリカ
プレート
ユーラシア
プレート
にほん
たいへいよう
プレート
フィリピンかい
プレート

にほんのしたには、4つの プレートが あり、プレートの さかいめでは よく じしんが おきる。

プレートの さかいめでは、うみの プレートと りくの プレートが ぶつかりあって います。プレートと プレートの うごきが じしんを ひきおこします。

じしんが おきる しくみ

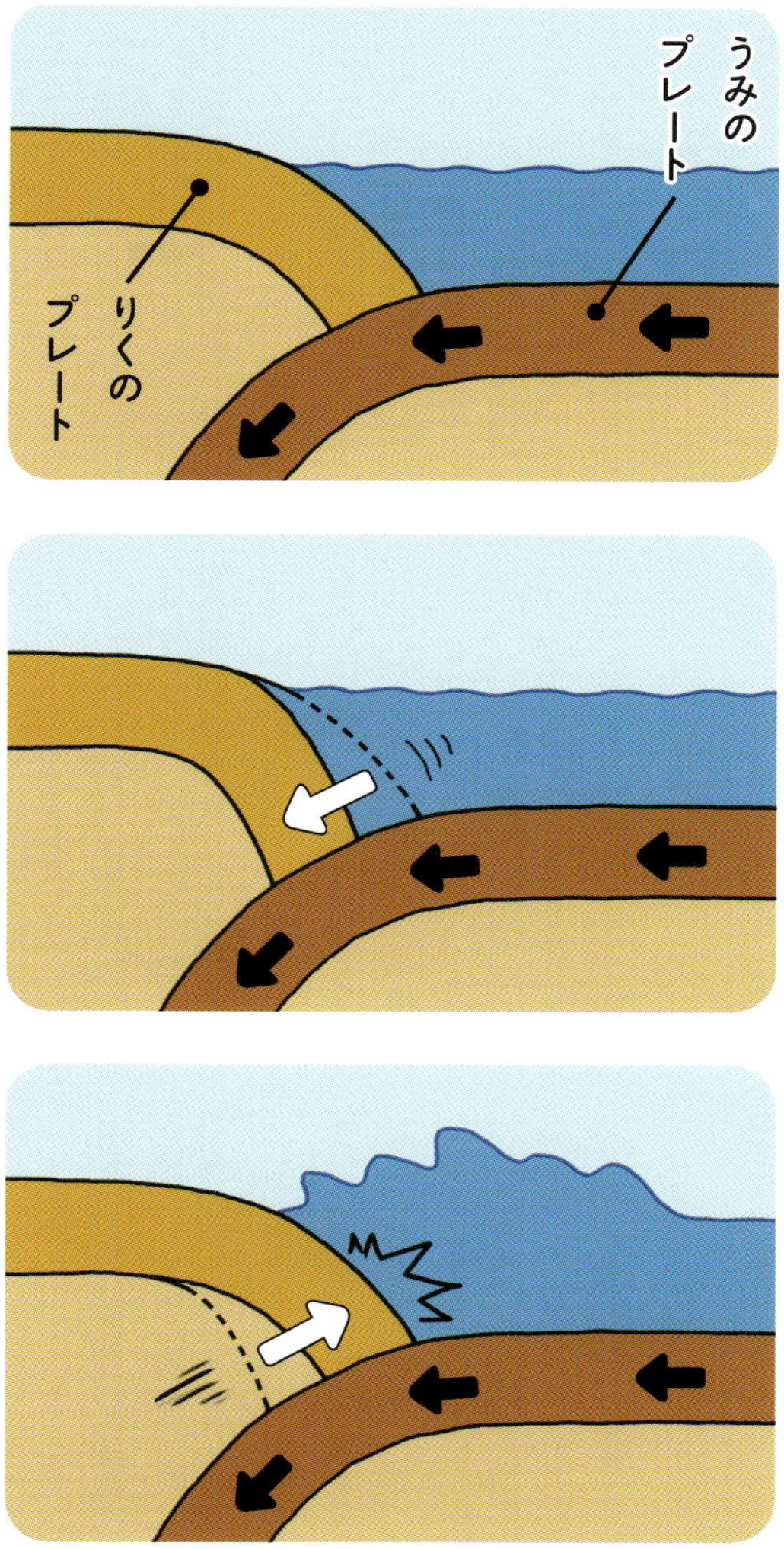

❶ りくの プレートのしたに、うみの プレートが もぐりこむ。

❷ りくの プレートが うみの プレートに ひきずられていく。

❸ ひきずられていた りくの プレートが もとに もどろうとして、きゅうに はねあがる。このうごきが じしんを おこしたり、つなみを おこしたりする。

だんそうの ずれで おきる じしん

うみの プレートと りくの プレートの さかいめでは ないところでも じしんは おきます。じめんの したの いわの いたが こわれて ずれることで、じしんを ひきおこします。

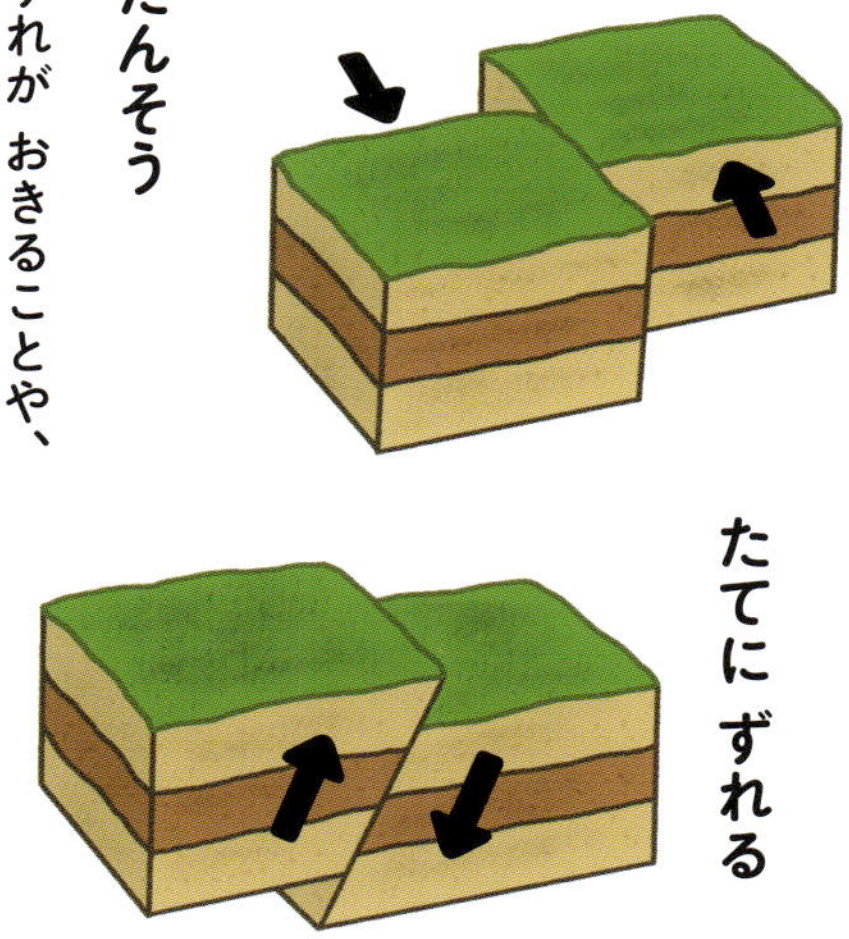

だんそう
ずれが おきることや、ずれて できた われめを だんそうと いう。

おうちの かたへ

海と陸のプレートがぶつかりあう「プレート境界地震」は、長くゆっくりとした揺れが特徴で、震源が海底にあるため、津波を伴います。一方、プレート運動により地下の岩盤が壊れてずれることやその割れ目を「断層」といい、今後もずれる可能性がある断層を「活断層」といいます。日本には約２０００の活断層があるとされ、この活断層が横や縦にずれて動いた時に起きるのが「活断層型地震（➡123ページ）」です。活断層型地震は、「直下型地震」ともいわれ、震源（➡122ページ）が浅く、下から突き上げるような縦揺れが起きます。ほかに、火山活動によって火山やその周辺で起きる「火山性地震」もあります。

ゆれを かんじたら どうしたら いい? ーいえー

じしんが くると いつも びっくりしてしまうね。どうしたら あわてずに、こうどうできるかな。

じしんが おきて、ゆれを かんじたら まずは、じぶんの みを まもることが たいせつです。おちてくるものや たおれてくるもの、うごいているものから はなれて、ゆれが おさまるのを まちましょう。

ふとんなどで あたまを まもる
ねているときに じしんが おきたら、ふとんを あたままで かぶって、たおれてきたり おちてきたりするものから みを まもろう。
たかいところに おかれたものから はなれる
たかいところに のせたものが おちてくるかもしれない。そのちかくから はなれよう。
つくえのしたに かくれる クッションで あたまを まもる
ちかくに クッションなど あたまを まもるものが あれば つかう。じょうぶな つくえのしたなどに かくれて、からだは できるだけ ひくくする。

おうちのかたへ

地震の時は、「物が落ちてこない」「倒れてこない」「移動してこない」安全な場所を確保して、身を守ることが大切です。隠れる場所がなければ、後頭部にクッションや手を当て、ひざを床について体を丸めるポーズで身を守ります。火の始末は、揺れがおさまってからにします。しかし、気が動転して適切な判断を下すのが難しくなる場合もあります。そうならないために、日頃からどう行動すべきかを家族で話し合ったり、防災訓練に参加したりしましょう。万が一閉じ込められた場合は、大声を出し続けると体力を消耗するので、硬いものでドアをたたいたり、笛をふくなどして助けを呼びましょう。

てで あたまを まもる
あたまを まもるものが ちかくに ないときには、てで あたまを まもり、ゆかで ちいさく まるくなろう。
たなや タンスなどから はなれる
おおきな かぐが たおれてくるかも しれない。じゅうぶん はなれよう。
まどから はなれる
まどガラスが われるかもしれない。われた ガラスで けがを しないように はなれよう。
ゆれて うごいている ものから はなれる
たったまま、ものを おさえるのは あぶないので やめよう。また、かびんなどが たおれたりして われるかもしれないので、そのちかくから はなれよう。

ゆれを かんじたら どうしたら いい？ ーそとー

ようちえんや ほいくえん、がっこう からの かえりみちや こうえんに いくとちゅう、もし じしんが きたら どうしたら いいのかな。

そとや どうろに いるとき、じしんが おきたら、おちてくるものや たおれてくるもの、ゆれて うごいているものから はなれて かばんなどで あたまを まもりながら ひろくて あんぜんな ばしょに ひなんしましょう。

かんばんなどが おちてこないところに ひなんする

おみせや ビルの かんばんが おちてくるかもしれない。あたまを まもりながら あんぜんな ばしょへ ひなんしよう。

われた まどガラスなどが おちてこないところに ひなんする

まどガラスが われたり、かべが はがれて たてものから おちてくるかもしれない。あたまを まもり、ようすを たしかめながら ひなんしよう。

でんちゅうから はなれる

でんちゅうが たおれるかもしれないので そばを はなれよう。でんせんが きれて ぶらさがっていたら、ぜったいに ちかづかない。さわると、かんでん （➡90ページ）してしまう。

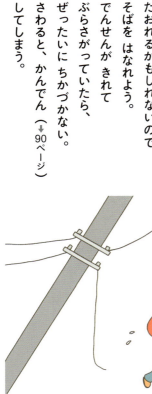

じどうはんばいきから はなれる

じどうはんばいきが たおれてくるかもしれない。あんぜんなところまで はなれよう。

へいや いしがきから はなれる

へいや いしがきが くずれて したじきに なるかもしれない。あぶないので はなれよう。

じわれ（↓123ページ）が おこっている ところには ちかづかない

じめんが われたり、へこんだりしたところには あぶないので ちかづかない。そこから はなれよう。

こうえんや グラウンドなど ひろいところに ひなんする

たおれてきたり おちてきたりする ものが ない、こうえんや グラウンドに ひなんしよう。

おうちのかたへ

外にいる時に、揺れを感じたら、「物が落ちてこない」「倒れてこない」「移動してこない」安全な場所へ避難することが大切です。その際、安全確認せず道路にとびだしてはいけません。揺れがあまりに大きすぎて動けない場合は、持っている鞄などで頭を守りましょう。外では、窓ガラスや看板だけでなく空調機の室外機やベランダの物干し竿なども落下する危険があります。また、工事現場では、はしごなどの工事機材が倒れてくるかもしれないので、できるだけ離れましょう。狭い道路は、何かが倒れてきたり落ちてきたりした場合、逃げる場所が少ないので、速やかに広い場所へ避難することが大切です。

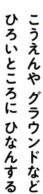

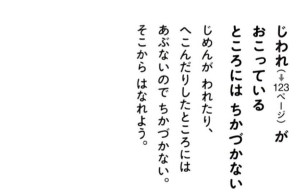

ゆれを かんじたら どうしたら いい? ーまちー

じしんが おきたとき、たくさんの ひとが いる おみせや のりもののなかに いても、おちついて みを まもろう。

まちで じしんに あってしまったら、どうしたら よいでしょうか。おみせや エレベーター、のりもののなかなど、どこに いるかによって みの まもりかたが ちがいます。

おみせのなかに いるとき

しょうひんが たなから とんでくるかも しれない。たなから はなれ、かごや かばんで あたまを まもり、ひろい ばしょに うつろう。

ショーケースなどの ガラスが われるかもしれない。あぶないので ガラスから はなれよう。

エレベーターや エスカレーターは じしんで とまることが ある。ゆれが おさまったら、かいだんを つかおう。

ゆれが おさまったら、はしらずに おちついて そとへ でよう。そとに でるときは、ものが うえから おちてこないか、よく みてから でよう。

エレベーターのなかに いるとき

ゆれを かんじたら すぐに すべての かいの ゆきさきボタンを おして、とまった かいで おりよう。もし、とじこめられたら ひじょうようの ボタンを おして、そとに れんらくしよう。

のりものに のっているとき

きゅうに のりものが とまるかもしれないので たおれたりしないように、てすりに つかまって あしで ふんばろう。すわっていたら、かばんなどで あたまを まもろう。

ゆれが おさまっても かってに そとに でたりせず、かかりいんの いうとおりに しよう。

おうちのかたへ

大きな地震が起きた時、地下街では、停電で多くの人がパニックになり、非常口に殺到する可能性があります。揺れている中でむやみに移動するのは危険です。落ち着いて、柱や壁のそばで揺れがおさまるのを待ちましょう。

車を運転中に揺れを感じたら、慌ててブレーキをかけず、ハザードランプを点灯して少しずつ減速し、道路の左側に停止させます。すぐ外に出ずに、ラジオなどで情報を確認しましょう。車を置いて避難する時は、できるだけ道路外に移動させます。緊急車両が通行する時、車を動かせるように、ロックせずキーをつけたまま避難しましょう。

ゆれが おさまったら

ゆれが おさまったら、どうすれば いいのかな。けがを したり、かじに なったりしないように きを つけなくては いけないね。

ゆれが おさまっても、じしんが さらに べつの さいがいを もたらすことが あります。じぶんの みを まもるために、どんなことを するべきなのか、しって おきましょう。

ドアや まどを あけておく

きけんを かんじたら、いつでも そとに でられるように、ドアや まどを あけて おこう。

ひを けす

ゆれが おさまったら
あわてずに
ガスコンロの ひを けそう。

くつや スリッパを はく

われた ガラスなどが
ゆかに ちらばっている
かもしれないので、
けがを しないように、
くつや スリッパを はこう。

テレビや ラジオを つける

じしんの ニュースを みたり、きいたりして、ひがいの ようすや、にげる ひつようが あるのかどうかを しろう。

かぞくの ぶじを たしかめる

いっしょに いるときは、おたがいに けがが ないかを たしかめよう。かぞくが とおくに いるときは、あらかじめ きめておいた ほうほうで れんらくを とろう。

きんじょの ようすを たしかめる

もし、きんじょで かじが おきていたら、「かじだ！」と さけんで、まわりの ひとに しらせよう。

もし そとで じしんが おきたら

そとに いるときに じしんに あい、ゆれが おさまったら、いえの ちかくに いるときは、おちついて いえに かえりましょう。

ようちえんや ほいくえん、がっこうの ちかくに いて、いえに ひとが いない ときは、がっこうや えんに むかいましょう。

おうちの かたへ

地震が起きた時、どこにいるかによって、その後の対応が変わってきます。自宅にいる場合は、ガスコンロの火を消し、ガスの元栓を閉め、外に避難する必要がある場合はブレーカーを切って、火災による二次災害を防ぎましょう。また、近くで火事が起きていないか、家屋に倒壊の恐れがないかなど、安全を確認したり、ラジオなどで正確な情報を得たりして、避難するかどうかを決めます。

もし、家から遠い場所で地震にあい、交通機関が止まってしまった場合は、無理をして歩いて帰ることはせず、近くにある安全な建物や一時避難できる場所で待機しましょう。

ようちえんや ほいくえん、がっこうで じしんが きたら

えんや がっこうに いるときでも じしんは くるかもしれないね。おちついて みを まもるには どうしたら いいのかな。

えんや がっこうに いるとき、じしんが おきたら、まずは おちついて せんせいの いうとおりに しましょう。せんせいが いないときも、あわてずに つくえのしたに もぐったり、あたまを かかえて みを かがめたりして、じしんが おさまるのを まちましょう。

きょうしつのなかに いるとき

たなから はなれる

たなが たおれて したじきに なることが あるので、たなから はなれよう。

まどから はなれる

ガラスが われることが あるので、まどから はなれよう。

つくえのしたに もぐる

まどガラスの はへんや、しょうめいきぐなどが おちてくるかもしれない。つくえのしたに もぐったら、つくえの あしを もち、ゆれが おさまるのを まとう。

たいいくかんに いるとき

まどガラスや バスケットボールの
ゴールのしたから はなれて
みを かがめて あたまを まもり、
ゆれが おさまるのを まとう。

こうていに いるとき

こうしゃの
まどガラスが われたり、
かべが こわれたりすることが
あるので、こうていの
まんなかに あつまろう。

ゆれが おさまってから ひなんするとき

こうしゃや たいいくかんなどの
たてものの なかに いるときは、
ゆれが おさまってから
こうていに でましょう。
いどうするときは、ヘルメットや
ぼうさいずきんで あたまを まもり、
ひとを おしたり、はしったりせず、
ひなんしましょう。

おうちのかたへ

地震が起きた時は、どのような状況でも、「物が落ちてこない」「倒れてこない」「移動してこない」場所に素早く身を寄せて安全を確保することが大切です。園や学校の廊下や階段で地震にあった場合、近くの教室の机の下に隠れるか、窓ガラスやロッカーから離れて揺れがおさまるのを待ちます。また、体育館では、照明器具やバスケットボールのゴールの落下などには十分に気をつけましょう。学校や園の中でも、必ず先生が子どもの近くにいるとは限らないため、地震が起きた時、子どもが自分で考えて行動できるように、日頃から家族で話をしておくことが大切です。

じしんに そなえる

もし じしんが おきても、ふだんから ちゃんと じゅんびを しておけば、あわてなくても すむね。

じしんが おきたときは、おちついて こうどうを するように しましょう。そのためには、さいがいに そなえて じゅんびを しておくことが たいせつです。

ドアの ちかくに ものを おかない
じしんの ゆれで ものが たおれて でぐちが ふさがれない ように する。
たかいところに ものを おかない
たなのうえなどに おもいものを おいておくと おちて あぶないので おかないように しよう。
ひなんようぐを じゅんびする
さいがいに そなえて ひつようなものを じゅんびしておく。
(➡114ページ)
非常用
つくえや いすに すべりどめを つける
つくえや いすは、たおれたり すべったり しないように、あしに すべりどめを つけよう。

おうちのかたへ

このページで紹介した地震への備えの例は、子どもだけでは準備が難しいため、おうちのかたが一緒におこなうようにしましょう。

地震が起きた時の怪我の原因の多くは、家具類の落下、転倒、移動によるものです。そのため、その防止対策をおこなえば、怪我をするリスクが下がります。特に寝室では、寝ているところから離れた場所や入口をふさがない場所に家具を置きましょう。また、建物の耐震診断も重要で、1981年以前に建てられた建築物は、大地震に対する安全性が低いといわれているため、特に注意が必要です。

つなみは どうして おきるの？

つなみは いえや くるまを のみこんで しまうから とても こわいね。 つなみが おきる しくみを しって、 どう みを まもるのか かんがえよう。

つなみは、 じしんによって、 うみの そこに ある プレート（→92ページ）が きゅうに もりあがったり、 しずんだりすることで おきます。
じぶんが いるところが ゆれていなくても、 うみで じしんが あったとき、 つなみが おしよせてくることが あります。

つなみが おきるとき

① りくの プレートのしたに うみの プレートが もぐりこみ、 りくの プレートは ひきずられていく。

② ひきずられていた りくの プレートが もとに もどろうと して はねあがり、 じしんが おきる。

③ じしんによって うみの ひょうめんが うごき、 そのなみが りくちへと おしよせる。

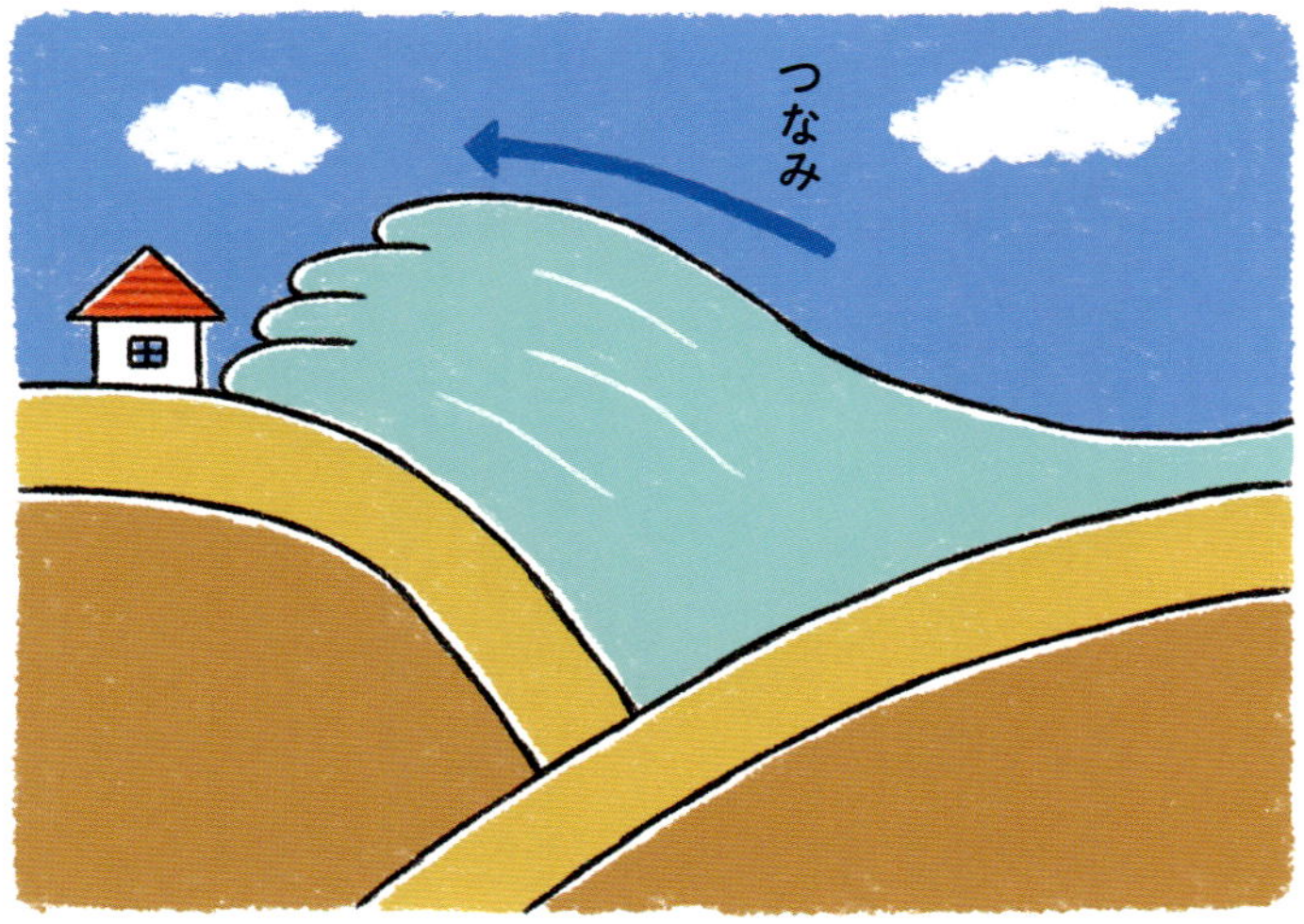

つなみは、 とても ながくて たかい みずの かべのように なって おしよせる。

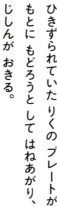

つなみは、いちどだけではなく、なんども やってきて
いえや き、くるまなどを おしながします。
いちどめの なみより、にどめの なみのほうが
たかいときも あります。
りくちに おしよせたあと、きたときと
おなじ ちからで うみに ひいていきます。

おしなみ
うみから やってくる つなみ

うみの そこの かたちや じしんの ようすによって
さいしょに ひきなみと なることが ある。
ひきなみのあと、おしなみが やってくるため、
なみが ひいていくのを みても、
かいがんには けっして ちかづいては いけない。

ひきなみ
りくから うみへ ひいていく つなみ

おうちのかたへ

津波は、自分がいる場所が揺れていなくても発生することがあります。１９６０年、日本から遠く離れた南米のチリでマグニチュード9.5の巨大地震が起きました。この地震によって生じた津波は、平均時速７５０キロメートルの速さで太平洋を横断し、約23時間後に日本沿岸に到達しました。その高さは三陸沿岸で5～6メートルにもなり、死者は約１４０人にも及びました。津波が来る時、最初に来る波が押し波か引き波かは、津波発生時の断層運動の方向や規模、海底地形によって異なります。どちらも強い力を持っているため、地震の後は、海の近くから急いで避難する必要があります。

つなみが きたら どうする？

じしんが おきたあとには つなみに
ちゅういしなくては いけないよ。
つなみが くることが わかったら
まよわず、たかいところへ にげよう。

つなみは ふつう、じしんが おきたあとに
おしよせてきます。
じしんが おきた ばしょにも よりますが、
つなみは、じしんのあと、すうふんから
すうじっぷんで やってきます。
うみが ちかいところでは、
じしんの ゆれが おさまったら、
つなみちゅういほうや けいほうが
でていなくても、いそいで たかい ばしょに
ひなんすることが たいせつです。

たかいところに ひなんしよう

やまや おかのうえ、たかいところや
たかい たてものなどに ひなんしよう。
つなみひなんばしょや、つなみひなんビルに
きめられているところも ある。
ふだんから、どこに ひなんするべきか
ちゅういして おぼえておこう。

はしって ひなんしよう

みんなが くるまを つかうと、
じゅうたいで うごかなくなり、
そのあいだに つなみが
くると きけん。
はしって ひなんしよう。

おうちのかたへ

津波は、発生時はジェット機並みの速さです。陸地に近づくにつれてスピードは落ちますが、それでも自動車並みの速さでやってきます。津波が見えてから逃げるのでは遅いため、地震が起きたら、すぐに高い場所へ避難しましょう。危険な場所は海の近くだけではありません。津波は、河口に入ると、河川に沿って遡上し、船や木材などの漂流物を巻き込みながら、内陸の奥深くまで進みます。津波が海から来ると思いこんでいると、河川から先回りした津波に飲みこまれてしまう恐れがあります。津波が来たら、海岸からだけではなく、河川からも遠い場所へ逃げましょう。

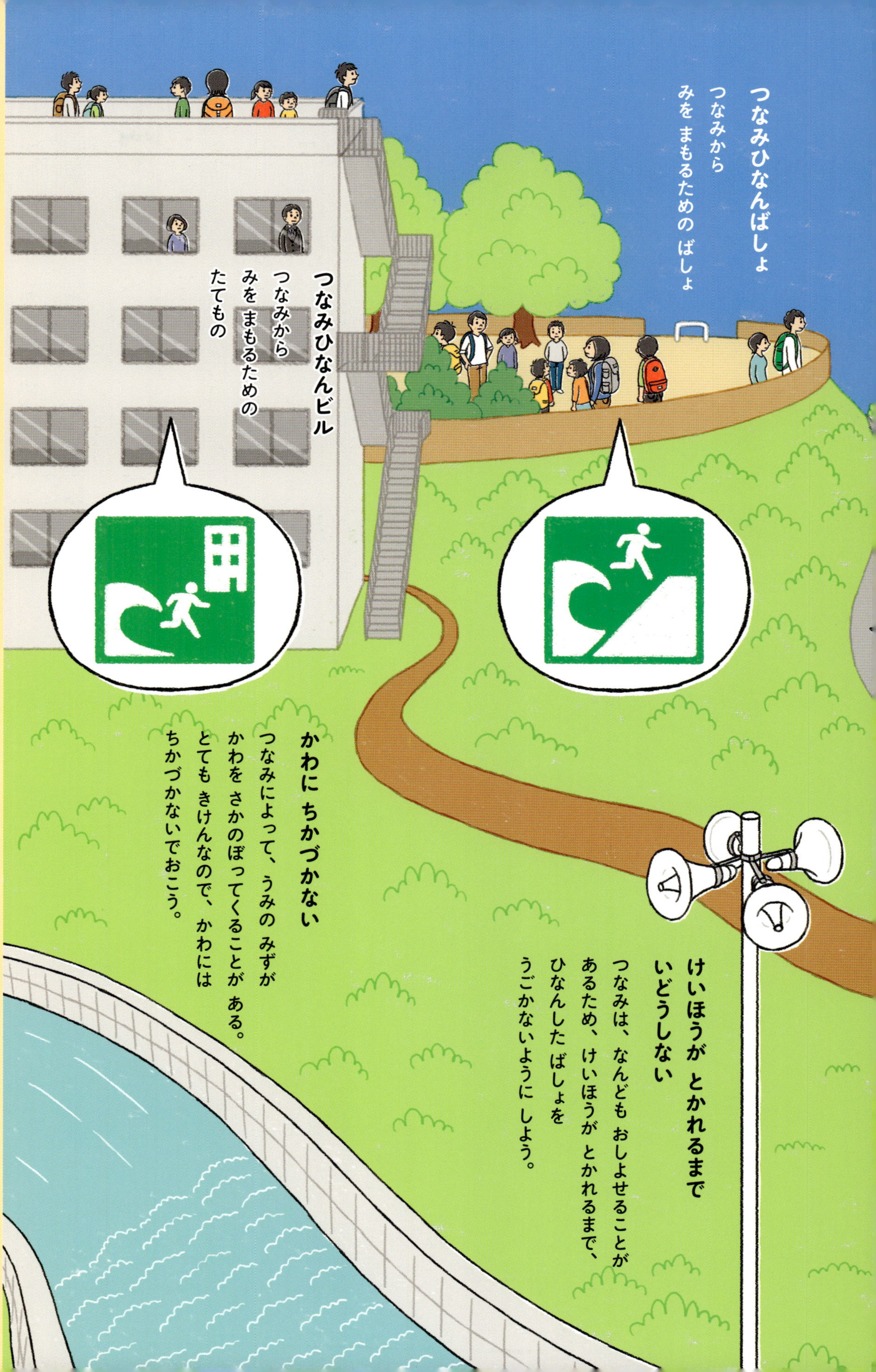

つなみひなんばしょ
つなみから
みを まもるための ばしょ
つなみひなんビル
つなみから
みを まもるための
たてもの
かわに ちかづかない
つなみによって、うみの みずが
かわを さかのぼってくることが ある。
とても きけんなので、かわには
ちかづかないでおこう。
けいほうが とかれるまで
いどうしない
つなみは、なんども おしよせることが
あるため、けいほうが とかれるまで、
ひなんした ばしょを
うごかないように しよう。

ようちえんや ほいくえん、がっこうで つなみが きたら

つなみは、しんじられないくらいの たかさと はやさで やってくる。だいじょうぶと おもっても、なるべく はやく にげよう。

うみに ちかい えんや がっこうでは、じしんが おきたら つなみが くることを かんがえ、できるだけ たかいところに ひなんすることが たいせつです。

すこしでも たかいところに にげる

まわりに すこしでも たかい ばしょや たてものが あれば、そこに にげよう。ふだんから ひなんする ところを みて おくと よい。

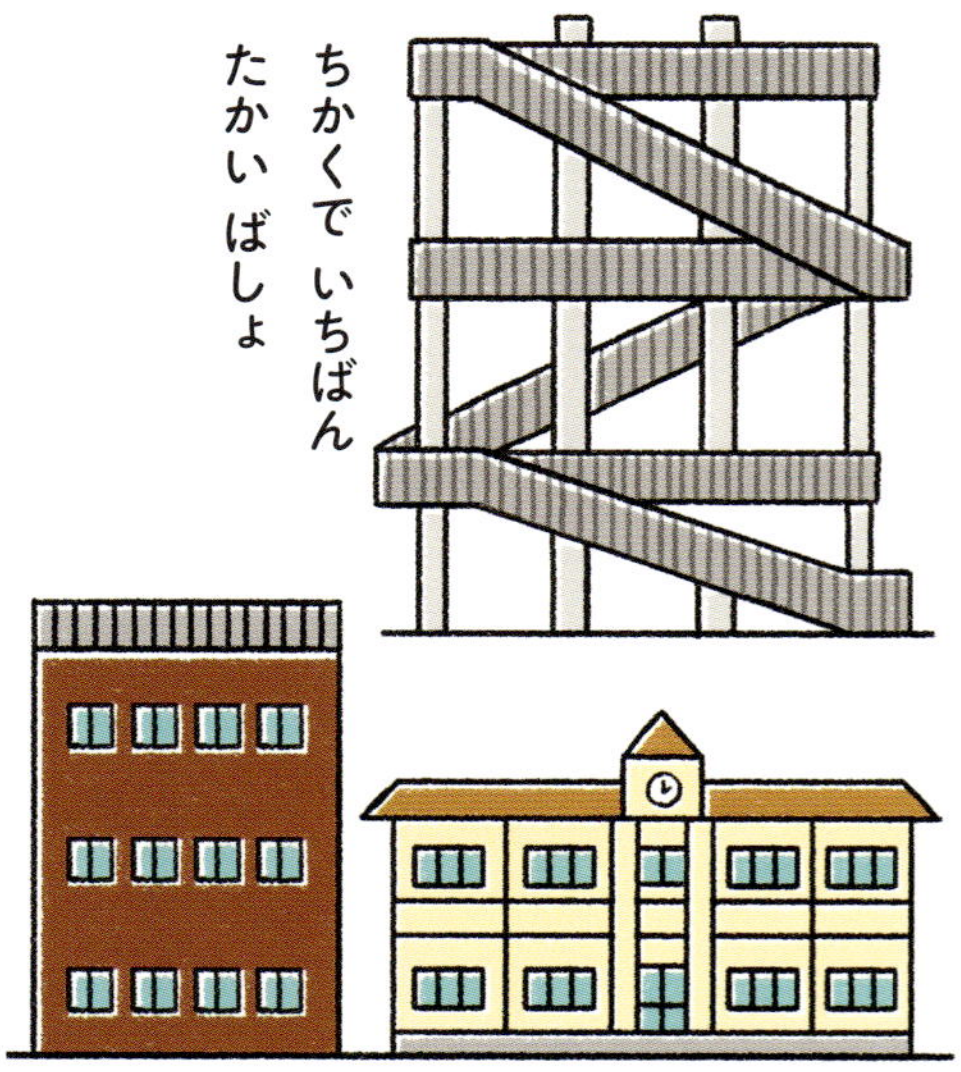
がっこうの なかで いちばん たかいところ
ちかくで いちばん たかい ばしょ
たてものの なかで いちばん たかいところ

じぶんが せんとうに たって にげる

まわりの ひとが にげずに いたら、じぶんが せんとうに たって にげる。まわりの ひとに あわせて またないように しよう。

せんせいや ともだちを またない

ひとりで いるときに
つなみが きたら、
そのまま ひとりで にげよう。
せんせいや ともだちを
まっている あいだに
つなみが どんどん ちかづいて
くるかもしれない。

かぞくを またない

かぞくが むかえに くるのを
まって いないで、
ひとりで たかい ところへ
にげよう。
つなみの ときは
それぞれで にげて、
かぞくとは ひなんばしょで
あうことを ひごろから
やくそくして おこう。

つなみてんでんこ

「つなみてんでんこ」とは、
とうほくちほうに つたわる ことばで、
「つなみが きたら、 かぞくに かまわず、
それぞれ てんでんばらばらに ひとりで
たかだいに にげろ」 という いみです。
ひとりひとりが じぶんで じぶんの
みを まもることで おおくの ひとが
たすかるという おしえです。

おうちのかたへ

津波が来る恐れがある時は、周りが避難するのを待たず、自分が率先避難者になり、避難を呼びかけながら逃げましょう。「つなみてんでんこ」の教えは、一緒に避難するために誰かを待ったり、迎えに行ったりして、避難が遅れることを戒めています。その教えを守り、津波がやってくる前に、高台の避難所へ走って逃げた結果、多くの命が助かった事例もあります。日頃から子どもたちに、一人でいる時に津波の危険を感じた場合は、家族のことは考えず、自分だけですぐに高いところに逃げるように教えておきましょう。どこで家族と合流するかも約束しておきましょう。

かざんの ふんかから みを まもる

かざんって なんだか しってるかな?
げんきに いきている やまのこと
なんだって。
にほんには かざんが おおいんだよ。

にほんには おおくの やまが ありますが そのなかには かざんが たくさん あります。
かざんは、じめんのしたの ふかいところで、とても あつい
マグマという どろどろしたものが ながれている やまです。
マグマが やまから ふきでることを ふんかと いいます。
かざんが ふんかすると、マグマの ほかにも、
かたい いわや はいなどが ふきでてきます。

かざんガス
マグマと いっしょに でてくる すいこむと とても きけんな ガス。
かこう
ふんかするとき、マグマや いわが ふきでてくる ばしょ。
いわ
いし
ふんかによって さまざまな おおきさの いわや いしが とばされてきて、ひとや たてものに あたる。
ようがんりゅう
ふきでた あつい マグマが やまを ながれていく。ようがんりゅうは、やまの かじを ひきおこす。

かざんばい
ふんかによって ふきでる はい。
みちや たてもの、
くるまなどに ふりつもる。

かざんの ちかくに すんだり、かざんに のぼったりするときは、ふんかが おきたら どこに にげれば よいのか、まえもって たしかめておくことが とても たいせつです。また、ふだんから ニュースを みて、ふんかに きを つけるように しましょう。

かさいりゅう
とても おんどの たかい
かざんばいや かざんガスが
まじりあい、ものすごい スピードで
やまを ながれていき、
ひろく やきつくす。

ゴーグルや マスク、ヘルメットを よういする

ふんかが おきたら、
かざんばいが めに はいったり
かざんばいを すいこんだり
しないように、ゴーグルや
マスクを つけよう。
ヘルメットを かぶれば、
とんでくる いしから
あたまを まもれる。

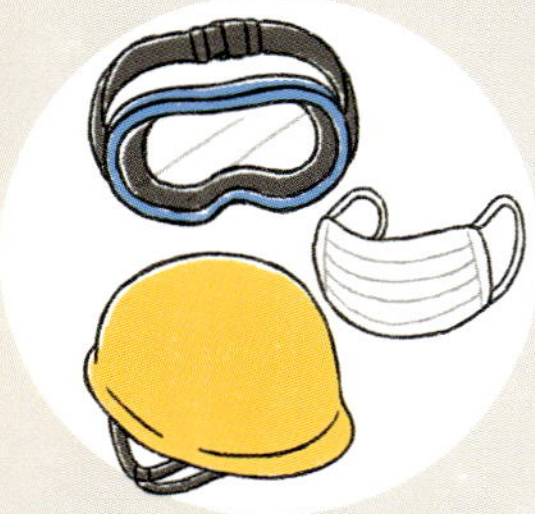

にげこむ ばしょを しっておく

かざんには、ふんかが
おきたときに にげこめる
がんじょうな たてものが
つくられている。
どこに あるのか、
たしかめておこう。

ニュースに きを つける

ふんかよほうや
ふんかけいほうを きき、
にげなければ
いけないときは、
ひなんじょへ いこう。

おうちのかたへ

活火山（➡124ページ）とは、過去1万年以内に噴火があった火山のことです。日本には、富士山など111の活火山があり、このうち半数近くは、噴火の恐れがないか監視されています。

火山の地下には、マグマが蓄えられている「マグマだまり」があります。マグマが地上に押し出されると、噴火が起こります。噴火の前兆として、マグマの動きや熱水の移動による「火山性微動」が観測されることがあります。

火山に登る時や、火山の近くに出かける時は、事前に火山情報をチェックしましょう。火山の近くに住んでいる場合には、マスクやヘルメットを備えておく必要があります。

さいがいに そなえる
―ひなんようぐの じゅんび―

じしんや つなみ、かざんの ふんかなどが
おきて、ひなんを しなくては
ならないとき あわてないように
なにを じゅんびすれば いいのかな。

さいがいは いつ おきるか わかりません。
ひなんを するときに ひつようなものや、
かいものが できないときに そなえて、
ひつようなものを
じゅんびしておきましょう。
また、いえのなかの あんぜんな
ばしょに おき、すぐ だせるように
しておきましょう。

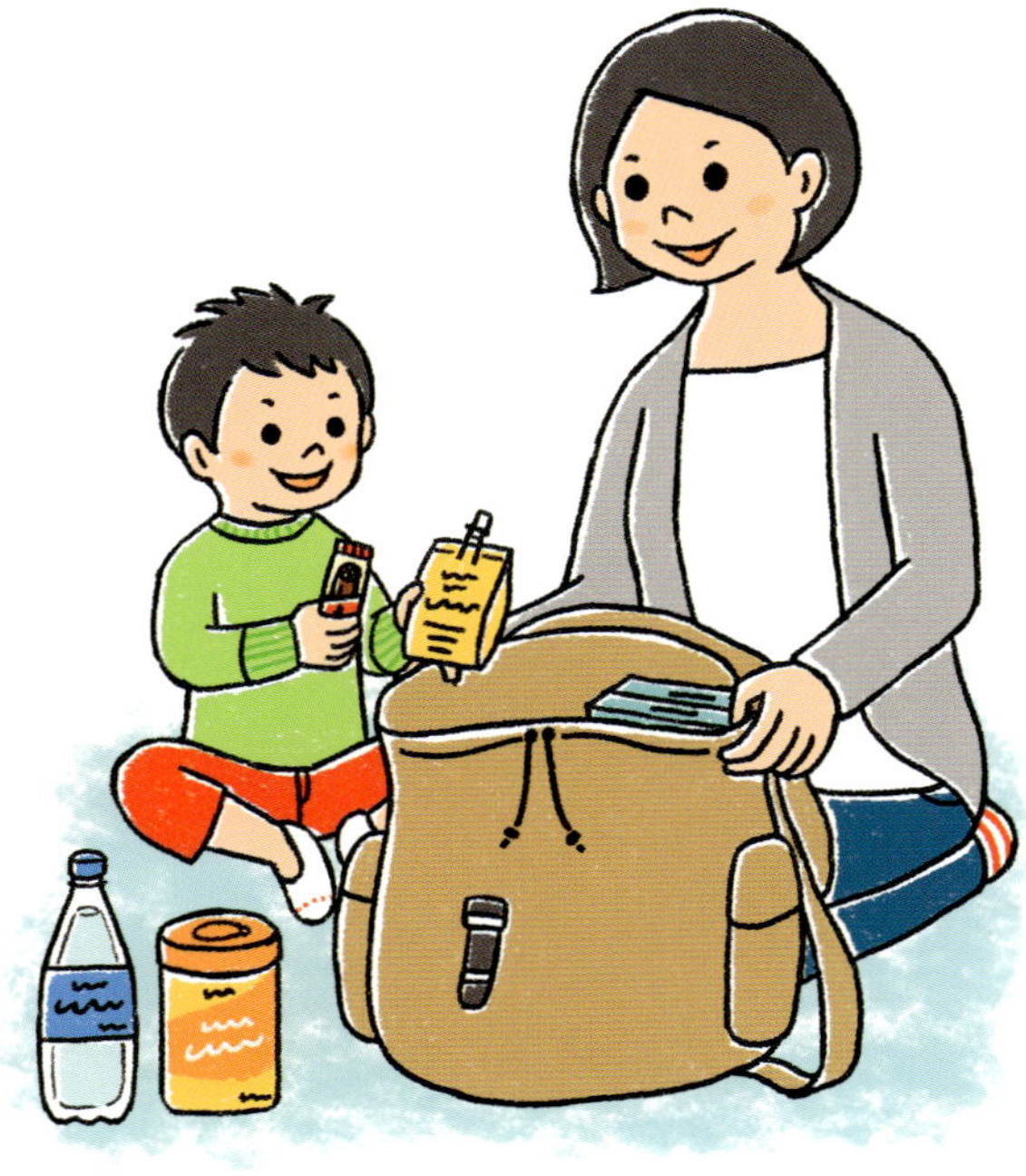

ひなんリュックに つめておくと よいもの

おうきゅうてあて ようひん

ばんそうこう

しょうどくえき　ガーゼ　ほうたい

ティッシュペーパー・ウエットティッシュ

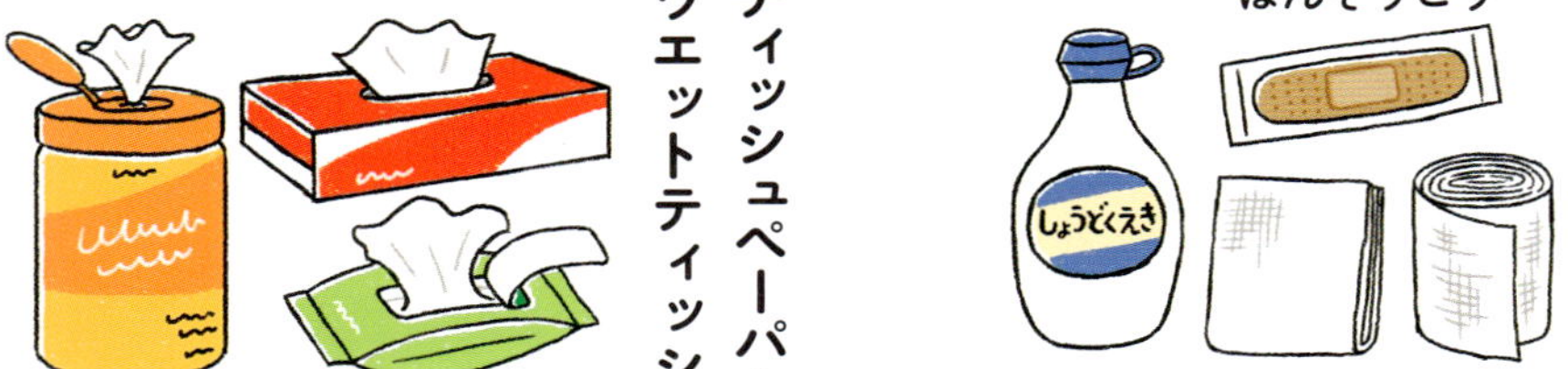

きがえ・タオル・はブラシ

ポリぶくろ

つかいすて カイロ

LED《えるいーでぃー》ライト

ぐんて

ふえ

ひじょうしょく・のみみず

かぞくの しゃしん

きんきゅう れんらくさき

いえに そなえておくと よいもの

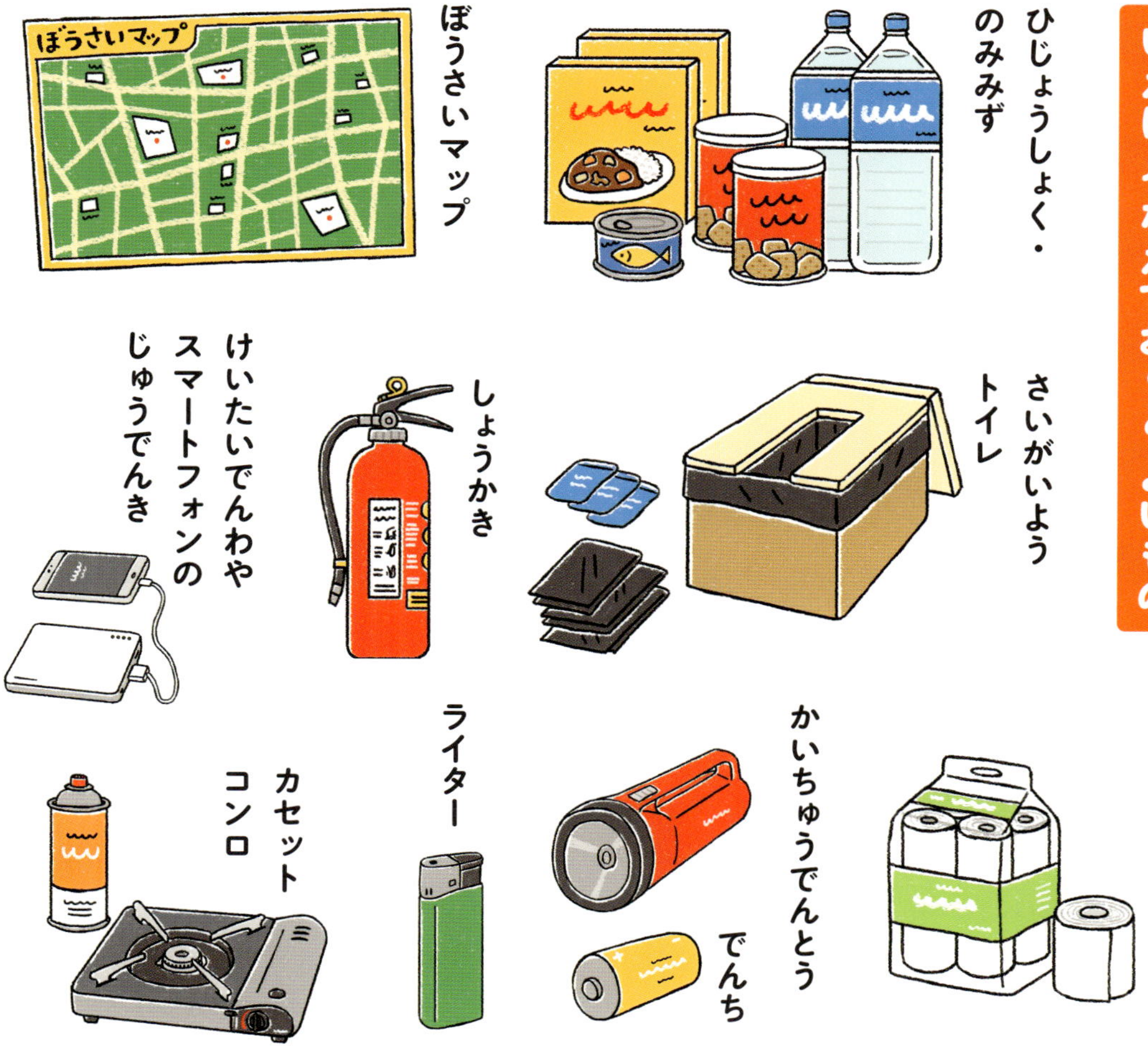
ひじょうしょく・のみみず
ぼうさいマップ
ぼうさいマップ
さいがいよう トイレ
しょうかき
けいたいでんわや スマートフォンの じゅうでんき
トイレットペーパー
かいちゅうでんとう
でんち
ライター
カセット コンロ

まくらもとに そなえておくと よいもの

ねているときに さいがいが おきても、すぐ、ひなんできるように ねるまえに まくらもとに そなえて おきましょう。

スリッパ
こがた かいちゅうでんとう
けいたいラジオ
ヘルメット

おうちのかたへ

避難する際の非常用持ち出し用品は、リュックに詰め、すぐに持ち出せる場所に置いておきましょう。また、財布もすぐに持ち出せるようにしておき、免許証、健康保険証などを入れておくとよいでしょう。

家庭用の「日常備蓄」は、災害が起きたあと、支援がとどくまでの最低1週間分は必要です。足りないと困るものを買い置きし、古い順から使って、なくなりそうなら買い足しておきましょう。赤ちゃんのおむつやミルク、常備薬などは多めに準備しておくとよいでしょう。また、ラジオや懐中電灯は時々点検し、予備電池も用意しておきましょう。

いえの まわりや ひなん ばしょを みておこう

いざというとき、どこに にげれば いいのかな。がっこうや こうえんなど きめられた ひなんばしょを ふだんから おぼえておこう。

じしんなどの さいがいが おきたとき、しばらくの あいだ、ひなんすることの できる ばしょが あります。これを ひなんばしょと いいます。

ひなんばしょを しっておく

ひなんばしょが どこに あるのか ちずで たしかめる。ひなんばしょは じしんが おきたとき じぶんが どこに いるかによって ちがう。

ひなんばしょへの いきかたを しっておく

ひなんばしょへ どのみちを とおっていくのか、ちずを みながら、かぞく みんなで あるいてみよう。

ハザードマップ

ハザードマップとは、じしんや つなみ、こうずいなどが おきたとき、かんがえられる ひがいの ようすや そのばしょを しめした ちずです。すんでいる ちいきの ハザードマップを みておき、あぶない ばしょを たしかめておきましょう。

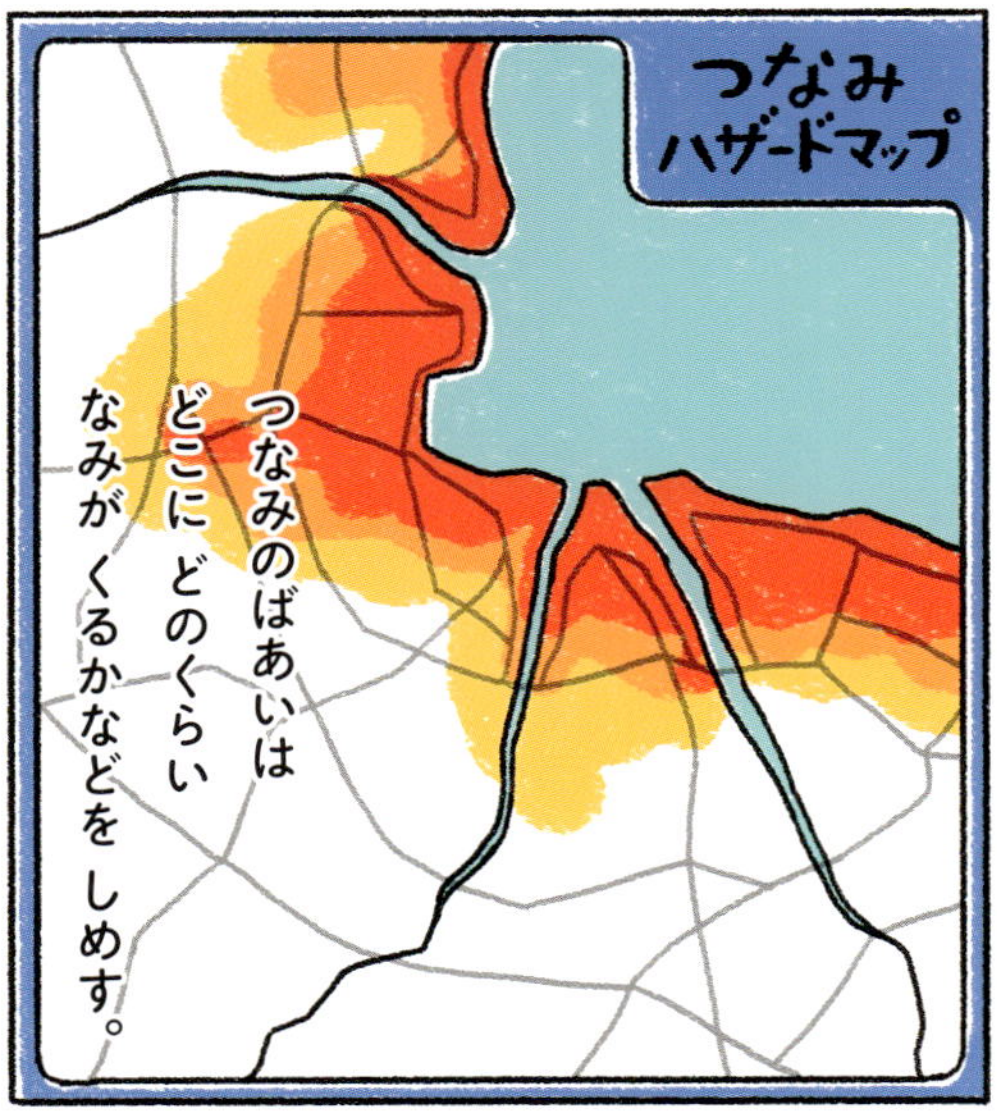
つなみ
ハザードマップ
つなみのばあいは どこに どのくらい なみが くるかなどを しめす。

じしんから みを まもるための いろいろな ばしょが、まちの どこに あるのか しらべてみましょう。

ひなんばしょ

じしんなどが おきたとき、
しばらくのあいだ
みを まもるための ばしょ。
おおきな こうえんや
がっこうの グラウンドなどが
ひなんばしょに なる。

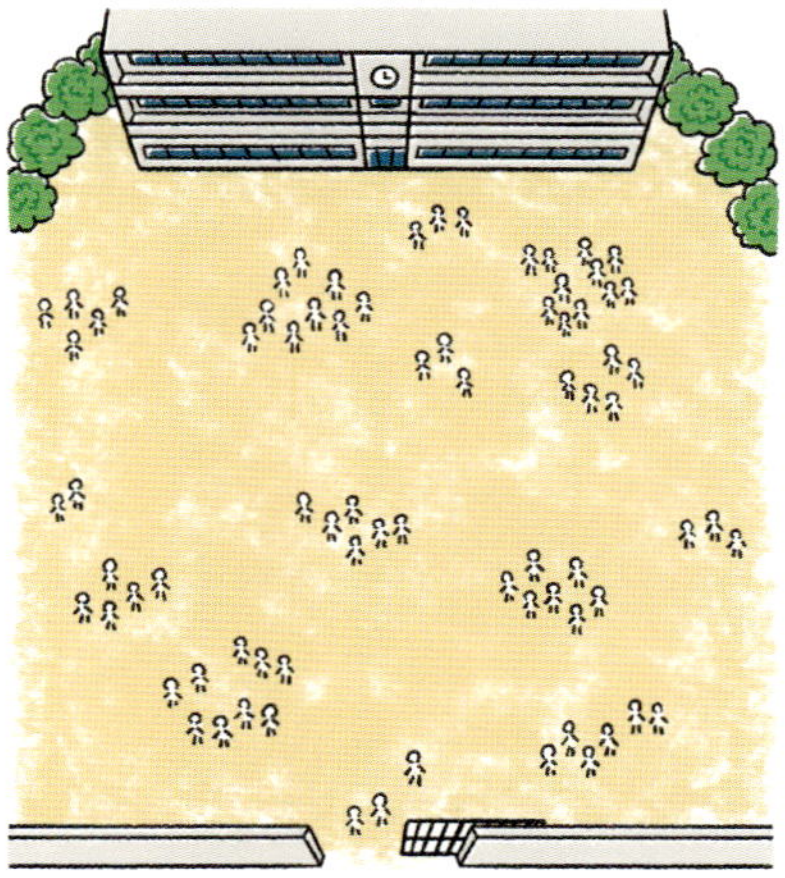

ひなんじょ

じしんなどで いえが
こわれたときや、
いえに いると あぶないときに、
しばらく くらすことが
できる ばしょ。
がっこうの たいいくかんや
こうみんかんなどが
ひなんじょに なる。

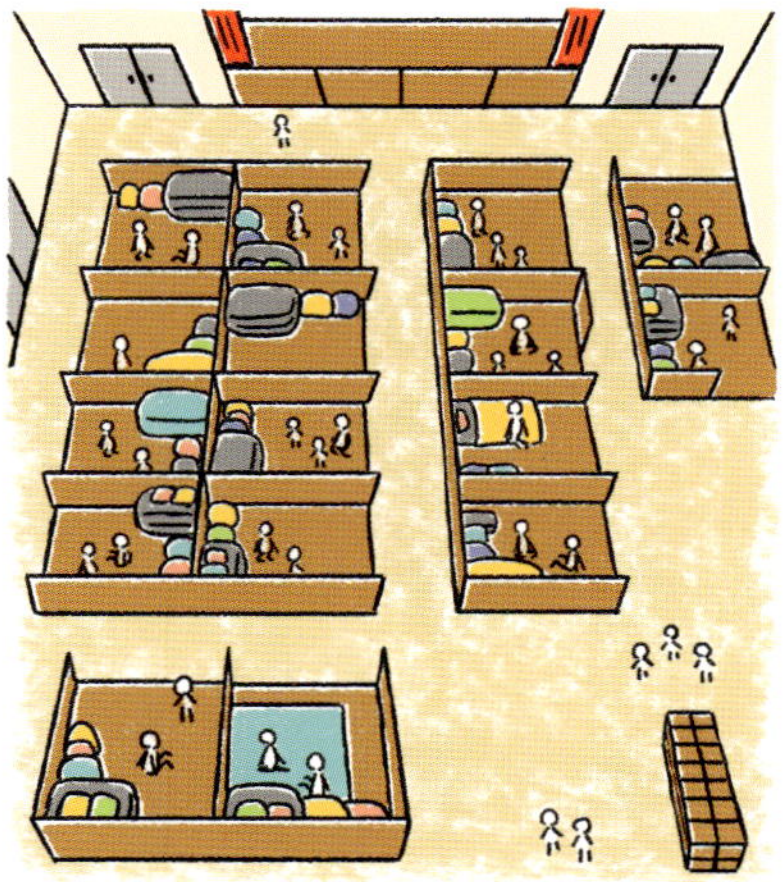

いっときしゅうごうばしょ

ひなんばしょに いくまえに、
しばらくのあいだ
あつまることが
できる ばしょ。
きんじょの こうえんや
がっこうの グラウンドなどが
いっときしゅうごうばしょに
なる。

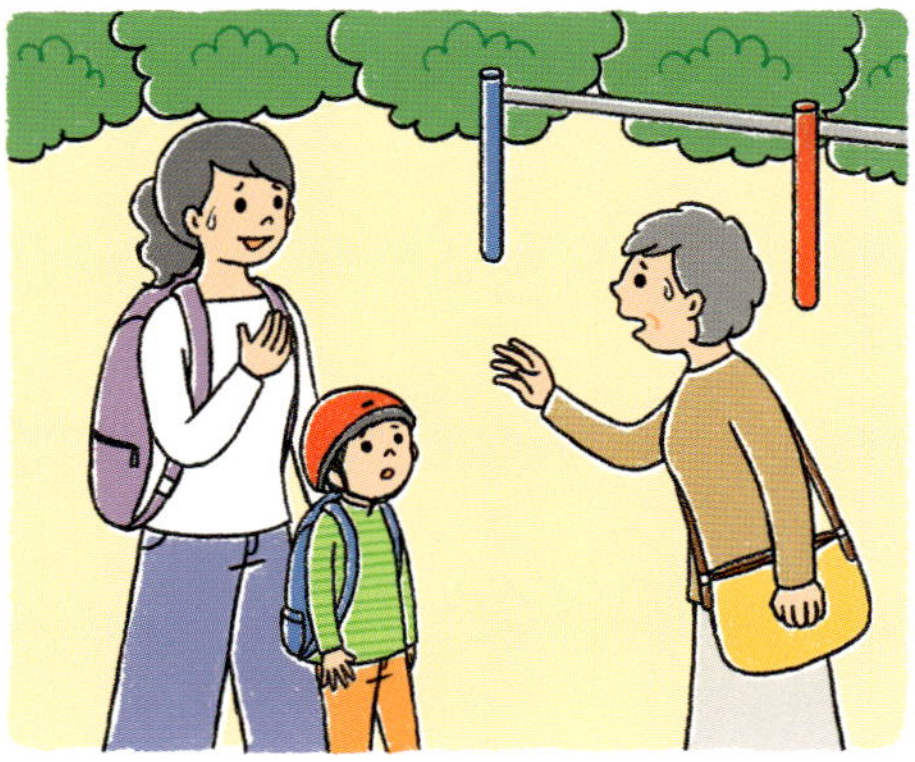

さいがいじきたく しえんステーション

じしんなどで いえに かえることが
できなくなった ひとたちが、
やすんだり、 みずを もらったり、
トイレを かりたりすることが
できる ばしょ。
コンビニエンスストアや
レストランなどが
さいがいじきたく
しえんステーションに なる。

おうちのかたへ

家の周りの危険な箇所をハザードマップで確認しておくことは、災害対策として有効です。避難場所を確認したら、避難経路を歩いてみましょう。避難する時は、基本的に徒歩です。実際に自分の足で歩いて、目で確認しておけば、災害時に慌てずにすみます。避難経路は、不測の事態に備え、何通りか候補を決めておきましょう。小・中学校が避難場所になることも多いのですが、通学路など慣れた道が災害時にも安全な道とは限りません。地震に遭遇した時、危なそうな場所はないか家族で確認し、その時、どのような行動をとればよいか話し合っておきましょう。

さいがいのときの れんらくの しかた

じしんのとき、もし かぞくと
いっしょじゃなかったら どうしよう。
ふだんから、れんらくの しかたや
まちあわせばしょを きめておこう。

じしんが おきた すぐあとは、
でんわが つながりにくくなります。
でんわが つかえなくなったときのために、
まちあわせばしょを きめておきましょう。
しりあいや しんせき、でんわがいしゃに
でんごんを のこす ほうほうも あります。

ひなんさきを きめておく

じしんが おきて
ひなんしなくては
ならなくなったとき、
どこへ ひなんするのか
かぞくで はなしあって
きめておく。

れんらくさきを きめておく

じしんが おきた ばしょから とおいところのほうが
でんわは つながりやすい。
じぶんの いえから なるべく はなれたところに
すんでいる しりあいや しんせきの いえを
れんらくさきに きめておき、でんごんを おねがいする。

さいがいよう でんごんダイヤルを つかう

171に でんわを かけると、でんごんを のこすことが できる。かぞくが ろくおんしていたら、そのでんごんを きくことも できる。

さいがいよう でんごんばんを つかう

スマートフォンや パソコンの インターネットを つかって でんごんを のこすことが できる。でんごんは つたえたい あいてに メールとして おくられる。

○○です。
ぶじです。
△△に います。

171に かけたあと、じぶんの こえを ろくおんする。

○○です。
ぶじです。
△△に います。

こうしゅうでんわの つかいかた

じしんが おきた すぐあとは、けいたいでんわよりも こうしゅうでんわのほうが つながりやすくなります。いつも、10えんだまや 100えんだまを よういしておくと よいでしょう。

でんわの かけかた

1. じゅわきを とる。
2. おかねか テレホンカードを いれる。
3. でんわばんごうを おして あいてが とったら はなしを する。

テレホンカード

おうちの かたへ

災害が起きた時、安否確認の電話が急増し、電話がつながりにくくなります。そこで、電話会社では、安否等の情報の音声を録音、再生できる、「災害用伝言ダイヤル」を提供しています。171に電話をかけると、災害用伝言ダイヤルのガイダンスが流れます。伝言を残したい場合、連絡をとりたい方の電話番号を入力し、メッセージを録音します。伝言を聞きたい場合も、171にかけて、連絡をとりたい方の電話番号を入力し、メッセージを再生します。災害用伝言ダイヤルは、防災週間など、特定の日時に体験することができるので、実際に試しておくとよいでしょう。

ひなんくんれんで れんしゅうしよう

もし じしんなどが
おきたらと かんがえて
ひなんくんれんを していれば、
いざというとき あわてなくてすむね。

**さいがいが おきたときに
おちついて こうどうするために、
ようちえんや ほいくえん、がっこうで
ひなんの れんしゅうを しましょう。**

**きょうしつで じしんが きたと
かんがえて くんれんする**

せんせいが いないときでも
みを まもれるように
くんれんしよう。

あたまを まもる
たおれてくるものから はなれる

**どんなときでも どんなばしょでも
みを まもれるように
くんれんする**

そうじの じかんや
やすみじかんなどに
じしんが おきたときは
どうすれば じぶんで
みを まもれるのか
くんれんしよう。

たおれてくるものから はなれる
あたまを まもる

**きょうしついがいのところで
じしんが きたと かんがえて
くんれんを する**

ろうかなど、
きょうしついがいの
ところに いるときに
じしんが きたら
どうすれば いいのか
くんれんしよう。

あたまを まもる
たおれてくるものから はなれる

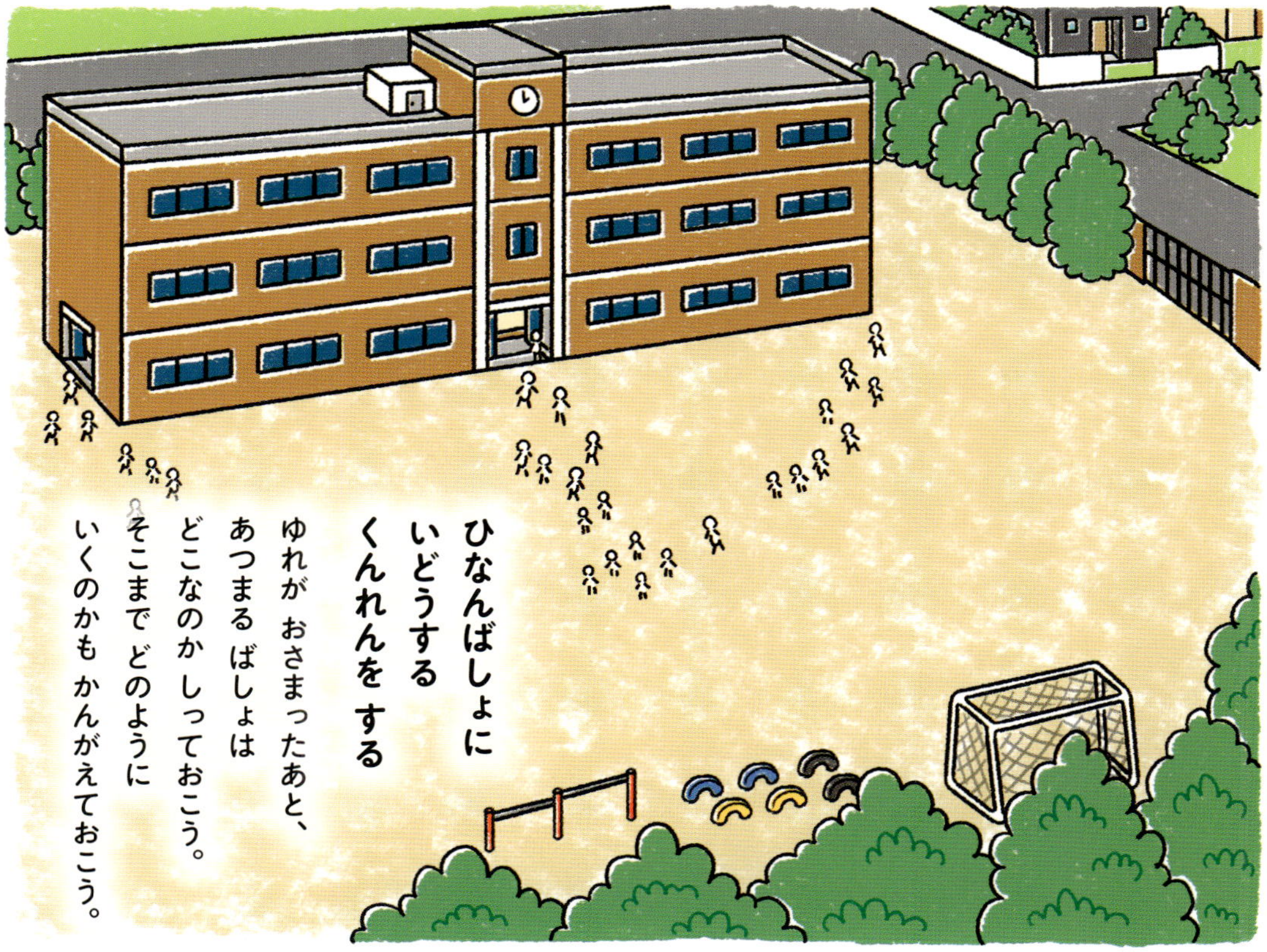
ひなんばしょに
いどうする
くんれんを する
ゆれが おさまったあと、
あつまる ばしょは
どこなのか しっておこう。
そこまで どのように
いくのかも かんがえておこう。

がっこうのそとの
ひなんばしょに いどうする
くんれんを する
がっこうのそとの ひなんばしょが
どこに あるのかを たしかめておき、
そこへ いく みちじゅんを
おぼえるために、
じっさいに いってみよう。

おうちのかたへ

大人がいなくても、子どもたちだけで判断して避難できるようにするためには、これまでの避難訓練ではなく、もっと現実に近い、実効性のある内容の訓練をおこなうことが大切です。最近では、緊急地震速報を使った避難訓練もおこなわれています。抜き打ちで緊急地震速報の警報音を校内放送で流し、児童は、すぐさま安全な場所に避難します。また、教師が近くにいない登下校中に、津波警報の訓練放送を流し、最寄りの避難所へ逃げるという訓練もあります。教師や大人がすべて教えるのではなく、児童自ら安全な場所がどこなのかを考え、判断し、すばやく避難することができる力を身につけることがねらいです。

しぜんさいがいに かんけいする ことば①

じしんの つよさ

「マグニチュード」と「しんど」で あらわすことが できる。

マグニチュード

じしんの おおきさを あらわす すうじ。

しんど

そのばしょの ゆれの つよさを あらわす すうじ。10だんかいに わけられている。

しんど０	ゆれを かんじない。
しんど１	たてもののなかで しずかに しているとき、ゆれを かんじる ひとが いる。
しんど２	たてもののなかで しずかに しているとき、おおくの ひとが ゆれを かんじる。
しんど３	たてもののなかに いる ひとの ほとんどが ゆれを かんじる。
しんど４	ほとんどの ひとが おどろく。ものが たおれることも ある。
しんど５じゃく	おおくの ひとが こわいと かんじる。たなの しょっきなどが おちることが ある。
しんど５きょう	おおくの ひとが ものに つかまらないと あるくことが むずかしい。かぐが たおれることも ある。
しんど６じゃく	たっていることが むずかしい。まどガラスや かべが こわれたり、いえが かたむいたりすることが ある。
しんど６きょう	はわないと うごけない。いえが かたむいたり、たおれたりする。じわれや じすべりなども おきる。
しんど７	てっきんの ビルでも たおれるものが ある。

しんげん

いちばん さいしょに じしんが おきた ばしょ。ふつうは、しんげんに ちかいほど ゆれが おおきい。

にじさいがい

さいしょに おきた さいがいが もとに なって おきる べつの さいがいのこと。ごううによって おきる どしゃさいがいや、じしんによって おきる つなみ、かじ、じわれなどが にじさいがいに あたる。

しぜんさいがいに かんけいする ことば②

かいこうがたじしん

うみの そこに ある
おおきな いわの
いた（プレート）が
りくの プレートを
ひきずりこむことで
おきる じしん。
「プレートきょうかいじしん」
とも いう。

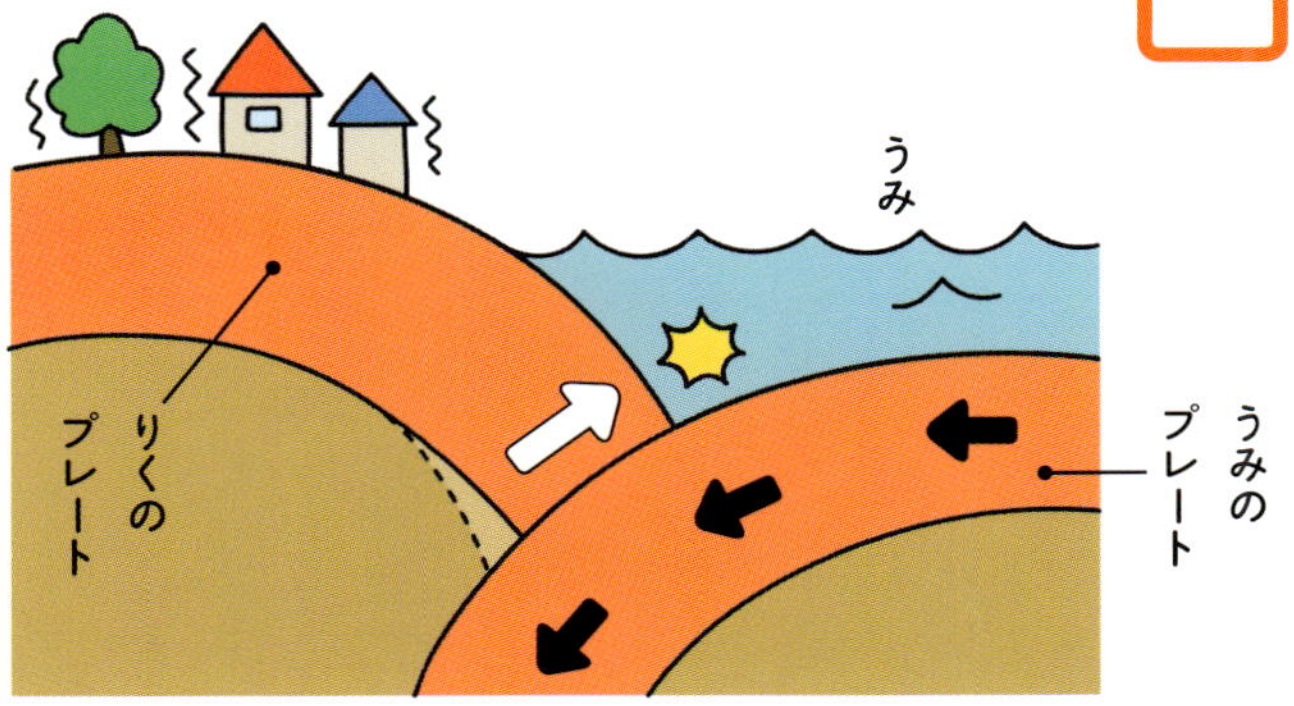

かつだんそうがたじしん

じめんのしたの
いわの いたが
ずれることによって、
おきる じしん。
いつか、ずれるかもしれない
ばしょを
「かつだんそう」と いう。
にほんには たくさんの
かつだんそうが ある。

よしん

おおきな じしんが
おきたあとに おきる
すこし ちいさな じしん。
なんかいも おきるが、
すこしずつ かいすうが へる。

えきじょうかげんしょう

じしんの ゆれによって、
みずを ふくんだ すなの
じめんから、ちかの みずが
しみでること。
いえが かたむくことも ある。

きんきゅうじしんそくほう

じしんが おきた すぐあと、
しんげんから ゆれが
やってくるまえに、
きけんを すばやく
しらせる おしらせ。
スマートフォンや
テレビなどから ながれる。

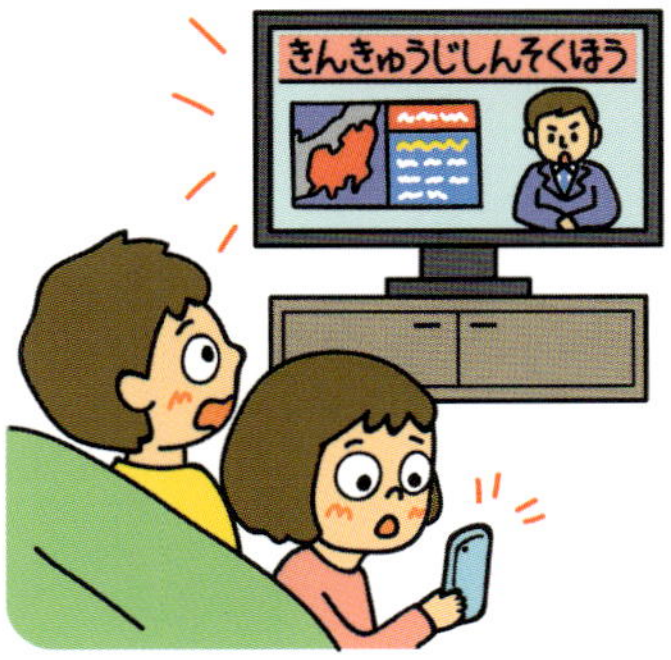

じわれ

じしんによって じめんに
われめや ひびが はいること。

しぜんさいがいに かんけいする ことば③

ふんかけいかいレベル

かざんかつどうが ひとびとの くらしに どれくらい きけんを およぼすのか、5だんかいで あらわしたもの。レベル2から5は ふんかけいほうとして、はっぴょうされる。

レベル1	やまへ のぼるとき、かつかざんで あることに ちゅういして のぼる。
レベル2	かこうの ちかくには ちかよらない。
レベル3	やまに はいらない。
レベル4	ひがいに あう おそれが あるところに すんでいたら、いえから すぐに にげられるよう じゅんびを する。
レベル5	ひがいに あう おそれが あるところに すんでいたら、いえから すぐに にげる。

マントル

ちきゅうの ちかふかくに ひろがる いわの かたまり。とても あつく、 ゆっくりと うごいている。かざんの マグマを つくりだす。

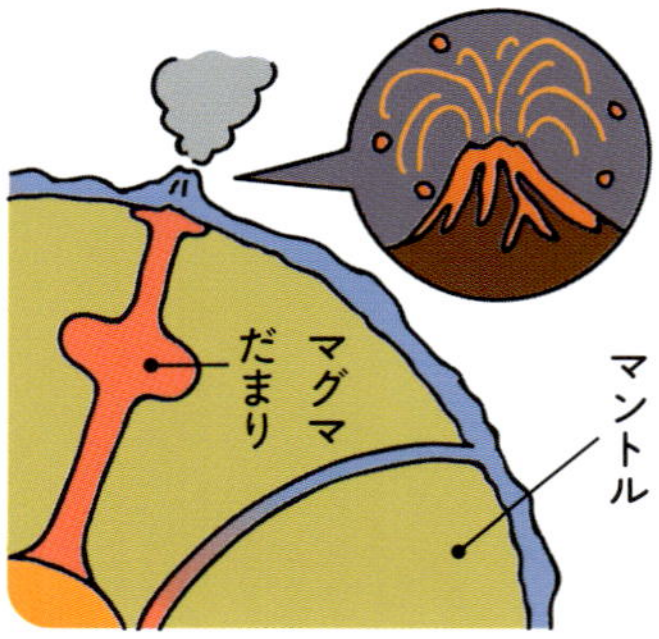

かつかざん

いまも かつどうしていて、こんごも ふんかするかも しれないと されている かざん。

ハザードマップ

じしんや つなみ、 かざんの ふんかなど、さいがいが おきたときの ひがいを よそくして そのばしょを しめした ちず。にげるための みちすじや ひなんばしょなども しめした ちず（ぼうさいマップ）も ある。

じしんの ハザードマップ

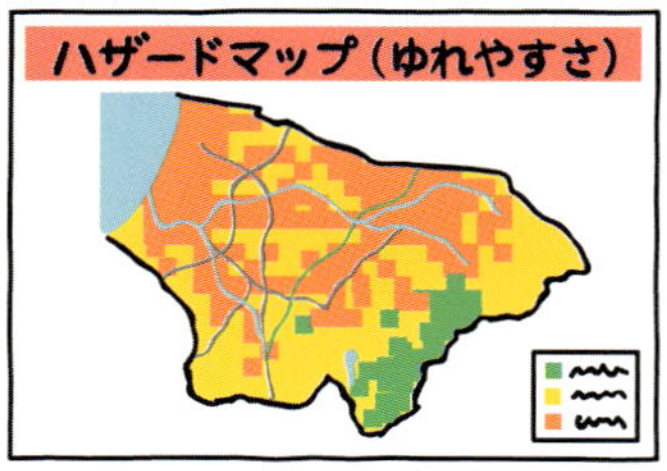

どのばしょが おおきく ゆれるのかを いろで しめしている。

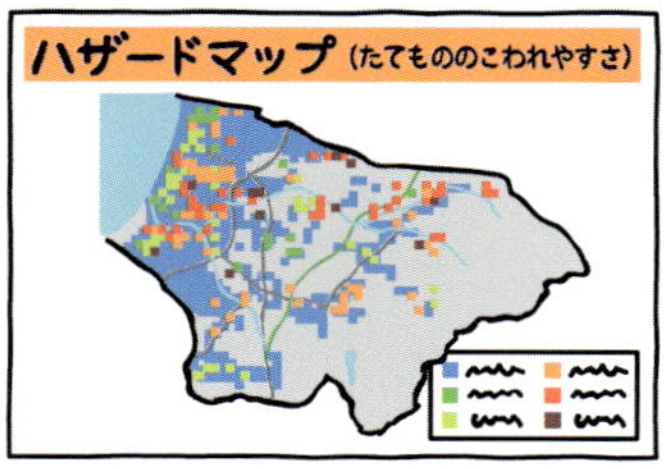

どのばしょの たてものが こわれやすいのかを いろで しめしている。

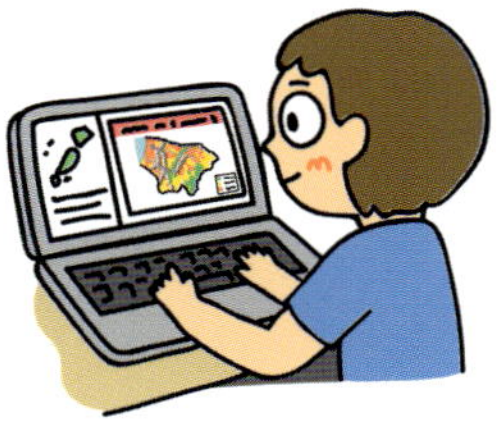

ハザードマップは、しや まちの ホームページで みたり、ちずを もらったりできる。じぶんの すんでいるところで あぶない ばしょは あるのか、ひごろから しっておくと、ぼうさいに やくだつ。

⑥ はんざいから みを まもろう

そとで ひとに こえを かけられたら

しらない ひとから みちで こえを
かけられたら びっくりしてしまうね。
そんなときには どうしたら
いいのかな。

ひとを みためだけで、わるい ことを しようとしているか どうかを みわけるのは とても むずかしい ことです。きけんな めに あわない ために、しらない ひとでも、しっている ひとでも ひとりで いるときに こえを かけてくる ひとには ちかづかないで おきましょう。

こんな ことばを かけられたら

あそびに さそわれたとき

ふつうは、かぞくの いるまえで こどもを さそう。あやしいので、「いえの ひとに きいてきます」と いおう。

カブトムシが たくさん いるところを しっているよ。

なにか あげると いわれたとき

ふつうは しらない ひとから ものは もらわない。あやしいので、「けっこうです」と、ていねいに ことわろう。

おかしを かって あげる。
24
24

こまっていると いわれたとき

ほんとうに こまっているなら、こどもより おとなに たのむはず。あやしいので、いえの ひとを よびに いこう。

いっしょに こねこを さがしてくれる？

みを まもるには

さそわれても ついていかない

かぞくいがいの
ひとには ついていかない。
たべものは、なかに なにが
はいっているか わからないので
もらわない。
ゆうきを だして
きっぱりと ことわろう。

はなれて はなす

はなしを しなくては
ならないときは、
いきなり うでを つかまれても
とどかないように、
りょううでを ひろげた
ながさより
はなれて はなそう。

ちかづいてきたら にげる

すこしでも こわい、
へんだと かんじたら、
まよわず あんぜんなところまで
はしって にげる。おおごえも だして
まわりの ひとに きづいてもらおう。

こえを かけられない くふう

ひとりぼっちだと こえを
かけられやすいから、
ひとりで あるかないで、
ともだちと あるこう。

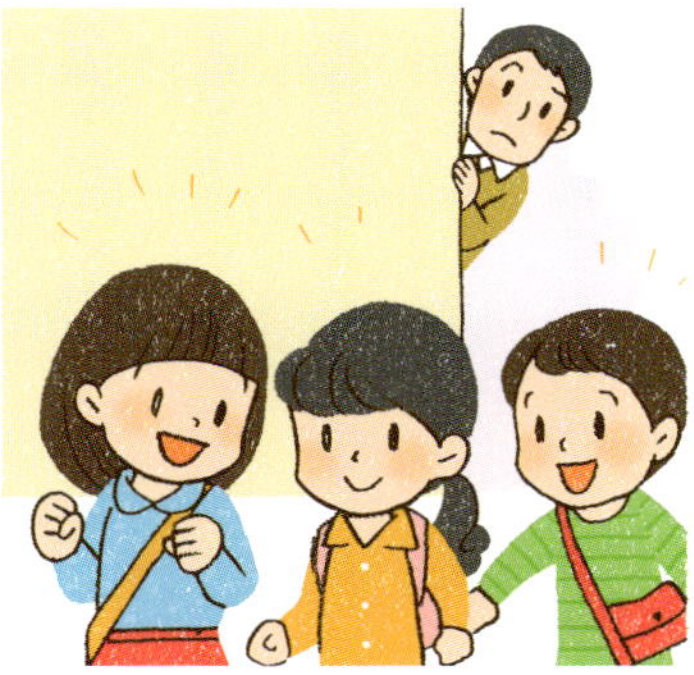

なまえを よんで、
したしい ふりを する ひとが
いるかもしれない。
なまえの かいてあるものは
みえないように しよう。

おうちのかたへ

年齢や性別、服装などの外見で危険な人かどうかを見分けることは困難です。また、やさしそうな人や知っている人からの声かけでも、事件に発展することがあります。一人でいる時に声をかけてきたり、別の場所へ連れていこうとしたりする人がいたら、警戒するよう、よく話しておきましょう。

子どもへの声かけの手口はどんどん巧妙化しています。「連れて来てとお母さんに頼まれた」「モデルにならない？」など、さまざまな事例を示し、どんな時でも、声かけに応じないよう教えておきましょう。また、食べ物や飲み物をもらわない、口にしないことも言い聞かせてください。

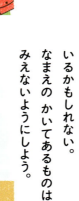

くるまから こえを かけられたら

しらない ひとに、くるまで おくってあげると いわれたら なんだか こわいね。どうやって ことわれば いいのかな。

しらない ひとの くるまに のってしまうと とおくまで つれていかれるかもしれません。こえを かけられても くるまには ぜったいに のらないで、あとで いえの ひとに はなしましょう。

こんなことばを かけられたら

おくってあげると いわれたとき

しんせつな ことばだけれど、しらないところへ つれていかれるかもしれない。いえの ひとに そうだんを してからに しよう。

いえまで おくってあげる。

かぞくが けがを したと いわれたとき

かぞくに なにかが おきたとき、しらない ひとは しらせに こないかもしれない。いちど いえに かえって たしかめよう。

パパが にゅういんしたよ。はやく! びょういんへ いこう!

みちを たずねられたとき

こどもよりも おとなに きいたほうが みちが わかるのに。「わかりません」と はっきり いおう。

○×こうえんは どこかな?

みを まもるには

さそわれても のらない

かぞくいがいの ひとの くるまには のらない。しっている ひとの くるまでも かぞくに そうだんを してからに しよう。

ママから だめだと いわれています。

のせられそうに なったら にげる

おおきな こえを あげながら、あんぜんなところまで にげる。くるまの うしろのほうへ むかって はしると くるまが すぐ おいつけない。

かぞくに しらせる

しらない ひとに はなしかけられたり くるまに のせられそうに なったら かくさず すぐに かぞくに はなそう。かぞくが みんなを まもる ほうほうを かんがえてくれる。

こえを かけられない くふう

すぐ にげられるように、とまっている くるまから はなれたところを あるく。

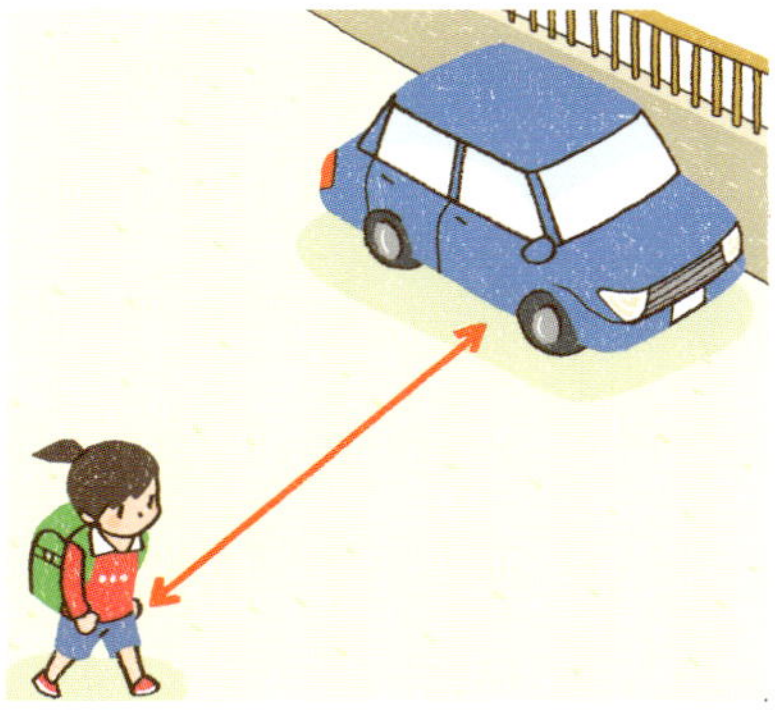

くるまの なかに ひきこまれないように、ガードレールの ある どうろを あるく。

おうちのかたへ

車にむやみに近づかないことは、交通安全のためだけでなく、防犯の面でも大切なことです。もし、声をかけられたとしても、家族以外の車には絶対に乗らないという約束を徹底しておきましょう。

また、路上駐車の多い道路は、不審な車が停車しても目立たないため警戒が必要です。離れて歩くように教えましょう。

もし、子どもから、見知らぬ人からの声かけや不審な車の報告を受けたら、まよわず警察へ通報してください。普段から子どもにその日のできごとをたずね、話しやすい環境を作っておくことも防犯につながります。

まいごに なったら

しらない ばしょで、まいごに なったら、こまってしまうね。そんなときは、だれに たすけてもらうと いいのかな。

そとで かぞくと はなれてしまったとき、あわてて うごきまわったりすると かえって きけんな めに あうかもしれません。どうしたら いいか かぞくと はなしあって おきましょう。

ひとりで あるきまわらない

かぞくが さがしているかもしれないから、あえなくならないように そのばを うごかない。ひとの すくない かいだんや トイレにも ちかづかないでおこう。

おみせの ひとや しせつの ひとに たすけてもらおう

まいごに なったと おもったら、すぐに ちかくの おみせの ひとや あんないじょの ひとに しらせよう。でんわや ほうそうなどを つかって かぞくを さがしてくれる。

しらない ひとに ついていかない

しらない ひとに こえを かけられたり、かぞくのところへ つれていって あげると いわれても ついていかない。「かぞくが もうすぐ きます」と ことわろう。

まいごに なっても こまらない くふう

れんらくさきを おぼえておく

おみせの ひとや あんないじょの ひとに かぞくを さがしてもらうときは、おちついて じぶんの なまえを つたえよう。いえの じゅうしょ、かぞくの けいたいでんわばんごうも おぼえておこう。

○○○○○です。ママを さがして ください。
あんない

まちあわせばしょを きめておく

はぐれてしまったときのために、かぞくと まちあわせする ばしょを きめておこう。まわりの ようすも よく みて おぼえておこう。

あのふんすいの まえだよ。

たすけてくれる ひとや ばしょを しっておく

おみせの ひとや あんないじょの ひと、けいびいんの ひと、こうばんの おまわりさんや えきの かかりいんの ひとに たすけてもらおう。

おうちの かたへ

人ごみは、連れ去りなどの危険が多い場所です。人ごみに出かける時は、勝手に行動したり、一人でトイレに行ったりしないよう、事前に子どもに言い聞かせておきましょう。

行き先に着いたら、はぐれた場合の待ち合わせ場所を具体的に決めておいたり、店員や係員、迷子センターなど、困った時に頼る人や場所を子どもと一緒に確かめておいたりすることも大切です。

たとえ、よく行く慣れた場所でも、迷子になるとパニックになることもあります。どんな場所でも子どもを一人にしないよう気をつけましょう。

そとで トイレに はいるとき

まわりは にぎやかでも トイレは
しずかで こわいときが あるね。
あんしんして つかうためには
どうしたら いいのかな。

トイレは そとから みえにくいため、なにかが おきても たすけてもらうことが むずかしい ばしょです。そとの トイレに ひとりで いくのは やめましょう。

トイレが きけんな わけ

だれでも はいることが できる

トイレは みんなが つかうことの できる ばしょ。
だから どんなひとでも だれにも へんだと おもわれず、
かんたんに はいることが できる。

しずかなところに あると ひとめに つきにくい

こうえんの はしや
ショッピングモールの
おくなど、トイレは しずかで
そとから みえにくい ばしょに
あることが おおい。だから
こわいことが おきても
まわりに きづかれにくい。

かくれるところが おおい

トイレには まわりから
みえない ちいさな
へやが いくつも ある。
だから あやしい
ひとが かくれやすい。

そとの トイレに はいるとき

トイレは だれかと いっしょに いく

そとの トイレには ひとりで いかない。
かならず おとなと いっしょに いこう。
トイレの いりぐちまででは なく、
なかまで ついてきてもらおう。

はいるまえに あやしい ひとが いないかを かくにんする

トイレに はいるまえに
なかの ようすを たしかめよう。
へんな ひとを みかけたり、
なんとなく こわいと かんじたら
べつの トイレへ いこう。

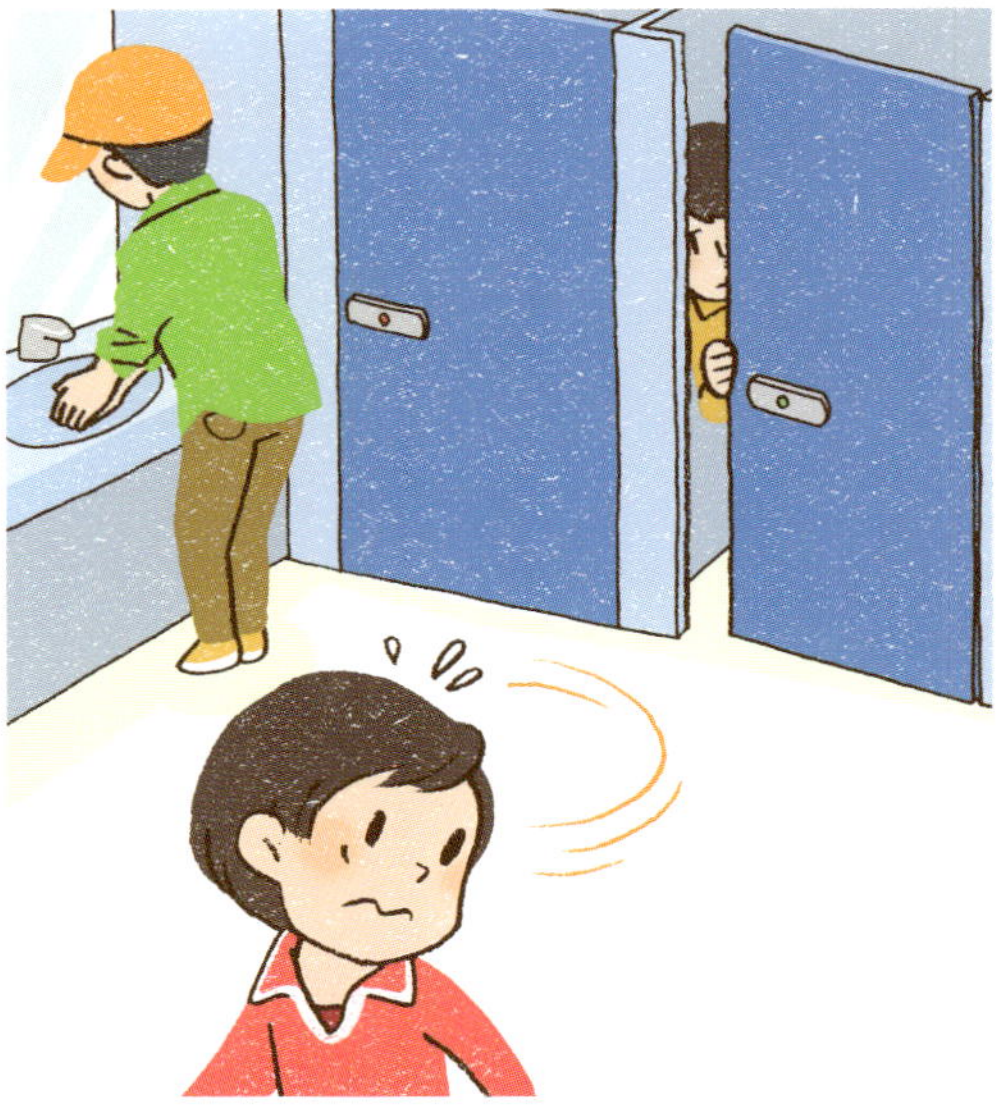

でぐちに ちかい トイレの へやを つかおう

なにかが おきたとき、
にげやすいように
でぐちに ちかい トイレの
へやを えらぼう。
たすけを よぶ こえも
そとへ とどきやすい。

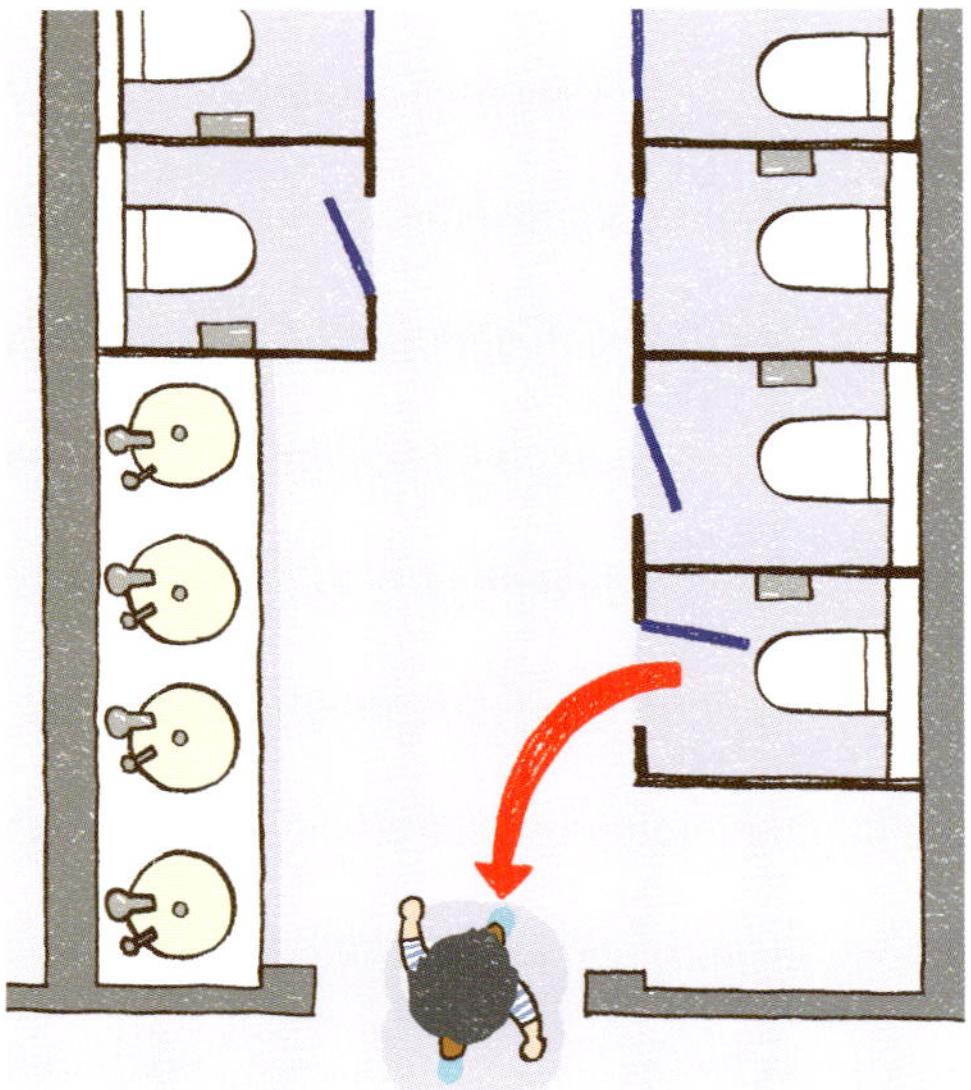

おうちのかたへ

不特定多数が利用する公共のトイレは誰でも出入りでき、死角も多く隠れやすいので、犯罪にまきこまれやすい場所でもあります。子どもが一人で行くことは避け、もし一人で行かなくてはならない場合には、家族以外の人が一緒にトイレの個室に入ろうとしたらすぐ逃げるよう、子どもに話しておきましょう。

男女ともに使える多目的トイレは、完全にドアが閉まり密室になるため、助けを呼ぶ声が届きにくい恐れがあります。家族と一緒でなければ近づかないよう注意してください。また、トイレに一緒についてきて欲しいと頼まれる事例もあります。その場合はすぐ大人を呼ぶように教えてください。

まちのなかの きけんな ばしょ

いつも あるいている まちのなかに
きけんな ばしょって あるのかな。
そこを とおるときは どんなことに
きを つければ いいのかな。

あるきなれた みちや
ひとが たくさん いるところなど
あんぜんだと おもっている ばしょにも
きけんが かくれていることが あります。
きんじょに きけんなところが ないか、
かぞくと はなしあって みましょう。

あきや

どんなひとが
かくれているのか
わからないし、
だれも ようすを みにこない。
ちかづくのは やめよう。

こうじげんば

なかの ようすが よく みえないので
なにか あっても きづかれにくい。
かってに さわると あぶない きかいも
あるので、ぜったいに はいらない。

たかい へいの ある あきち

なかの ようすが みえないから
たすけを よんでも きづかれない。
ちかよらないように しよう。

ちゅうしゃじょう

くるまの かげは
まわりから みえにくくて
わるい ひとが かくれやすい。
おとなと いっしょに あるこう。

らくがきや
ごみの おおいところ

ごみや らくがきで きたないのは
まわりの ひとの めが とどいていないから。
なにか おこっても きづかれないかもしれない。
ちがう みちを とおろう。

たてものの
すきまや ものかげ

わるいことを しようと
している ひとが
かくれているかもしれない。
まわりを よく みて あるこう。

ひとが たくさん あつまるところ

ひとが たくさん いると、
ほかの ひとのことは めに はいりにくい。
しらない ひとに きの しげみや うすぐらいところに
つれていかれそうに なっても ひとごみに まぎれて
きづいてもらえないかもしれない。
きけんを かんじたら おみせの ひとや
けいびいんの ひとに、たすけてもらおう。

おうちのかたへ

人が集まる場所は、犯罪者がまぎれこみやすい場所でもあります。また、人ごみで何かが起きても、雑踏のせいで周りの人が気づかない場合もあります。人が多い場所にも危険が潜んでいることを、子どもに教えておきましょう。

また、昼間は安全な場所でも、夕方以降は暗くなり、人通りが途絶えて危険な場所に変わることがあります。昼間と夕方以降のそれぞれの時間に、子どもと一緒に、通園・通学路や、よく行く場所から自宅までの道を歩き、どこがどんな理由で危険なのかを確認してみましょう。交番やコンビニなど、もしもの時に頼れる場所も確認しておきましょう。

こうえんのなかの きけんな ばしょ

こうえんは たのしく あそべる ばしょだけど、 きけんなことが おきるときも あるよ。 どうしたら あんぜんに あそべるのかな。

きれいな こうえんや にぎやかな こうえんでも わるいことを しようとしている ひとが まぎれこんでいるかもしれません。 ひとりで あそぶのは やめて、 ともだちや かぞくと はなれずに あそびましょう。

トイレには ひとりで いかない

そとから なかが みえにくい トイレは、 あやしい ひとが かくれやすい。 かならず だれかと いこう。

はなれたところで ひとりで あそばない

ひとりで いると しらない ひとに こえを かけられやすい。 ひとの おおいところで あそぼう。

まわりから みえにくいところには ちかづかない

あやしい ひとが かくれやすい おおきな きや たてものの かげには ちかづかない。

あぶない めに あいやすい こうえん

**たかい へいで
かこわれていて
そとから みえない**

あぶない めに あっても
そとから みえないので
たすけて もらえない。
そとからも ようすが みえる
こうえんで あそぼう。

**きが おおくて、
そとから よく みえない**

たすけを よんでも
きが じゃまを して
まわりの ひとから
きづかれにくい。
みとおしの よい
こうえんを えらぼう。

**らくがきや
ごみが おおい**

きたないままに なっているのは、
だれも そこを
きにして いないと いうこと。
こわいことが おきても
きづいて もらえないかも
しれないから、ちかづかない。

**うすぐらくて
ひとが いない**

なにかが おきても
だれも いないと
たすけて もらえない。
うすぐらいと ようすも
そとから わかりにくいので、
ひとりで あそぶのは やめよう。

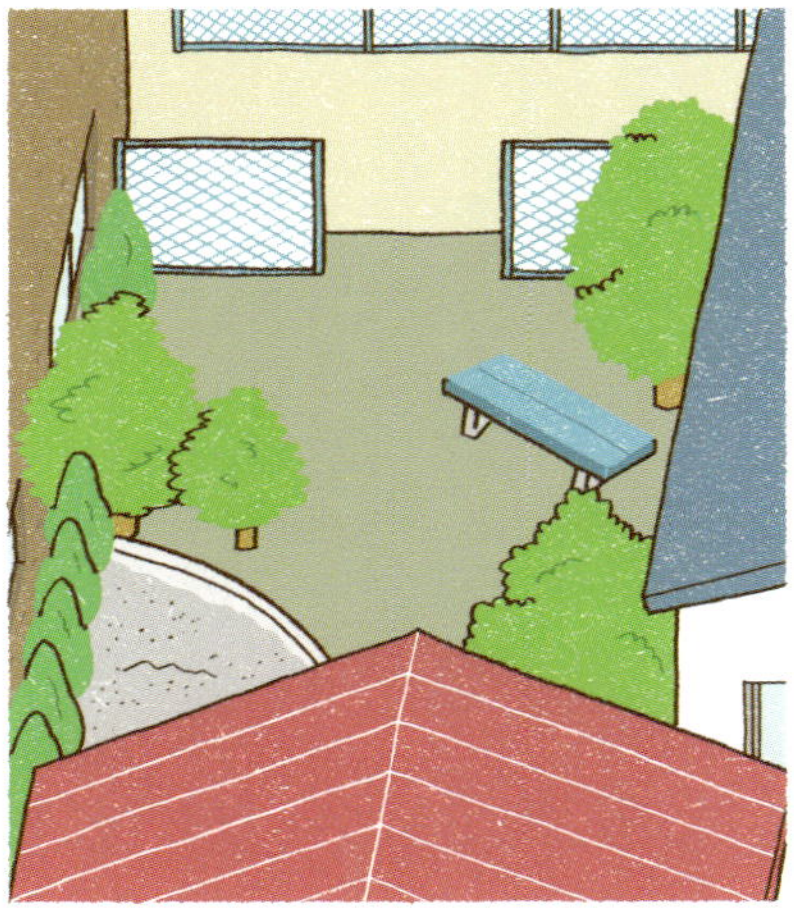

おうちのかたへ

子どもが小さいうちは、親から離れて遊ばないよう言い聞かせ、子どもだけで遊ぶようになったら、どの公園で誰と遊ぶのかを伝えてから出かけるルールを守らせましょう。一人で遊ばないこと、外のトイレに一人で行かないこと、防犯ブザーを携行することも約束しておきましょう。

また、子どもがよく行く公園に足を運び、危険なところがないか確認をしてください。街灯がないなど、暗くなると様子が一変する公園もあり、異なる時間帯に観察することも必要です。心配な点があれば理由を子どもに話し、行かないようにさせましょう。

エレベーターや かいだんでの ちゅうい

いえが ちかづくと、はやく かえりたくて まわりを よく みていないことが あるよね。なにに ちゅういしたら いいのかな。

マンションでは、いえに つくまでに エレベーターや じてんしゃおきばを つかうことが あります。なかの ようすが みえない エレベーターや ひとの いない じてんしゃおきばは なにか こわい めに あっても たすけが よべないかもしれません。いえのなかに はいるまで、まわりを よく みながら かえりましょう。

エレベーターに のるとき

のるまえに まわりに ひとが いないか たしかめる

じぶんが のって すぐに、だれかが のりこんで くるかもしれない。のるまえには まわりの ようすを よく みよう。

かぞくと いっしょに のる

そとからは なかが みえないので きけんなことが おきても きづかれにくい。できるだけ かぞくや まもってくれる おとなと いっしょに のろう。

なにか あったら、いつでも おりられるように ボタンの すぐ そばで せなかを かべに むけて のる。

しらない ひとと ふたりだけに なったときは すぐに おりる

ふたりだけに なったら あいてが なにか するかもしれない。ちかくの かいの ボタンを おして おりよう。きけんだと かんじたら まよわず すぐに、ひじょうようの ボタンを おそう。

かいだんを つかうとき

ようすの おかしい ひとが いないか よく まわりを みる

かいだんの おどりばは みとおしが わるく、だれかが かくれて いるかもしれない。まえを よく みて のぼろう。

じてんしゃを とめるとき

ちかくに ようすの おかしい ひとが いないか よく みて とめる

ひとの すくない じてんしゃおきばには だれかが かくれて いるかもしれない。まわりを よく みながら とめよう。

オートロックの いりぐちを はいるとき

マンションに すんでいる ふりを して、だれかが いっしょに なかへ はいって しまうことが あります。しらない ひとと いっしょに なったら はなれて しばらく まち、いっしょに はいらないように しましょう。

おうちの かたへ

エレベーターは完全な密室となり、なにか起きても助けを呼びにくい場所の一つです。エレベーターの中で声をかけられても、同じマンションの人だと思って安心しないよう、常に用心する習慣をつけさせることが必要です。危険を感じたら、災害時ではなくても非常ボタンを押してよいことを子どもに教えておきましょう。

マンションの駐輪場は、出入りが自由なうえに人の目が届きにくい場所です。自転車を停める際は周囲をよく確認するように話しておきましょう。自宅なら自転車置き場にライトをつけて明るくするなど防犯対策をとりましょう。

ひとりで いえに はいるとき

かぞくが るすの いえに はいるとき、
しらない ひとが そばに いたりしたら
ちょっと こわいし、 いやだね。
あんぜんな はいりかた、 わかるかな。

かぎを じぶんで あけて いえに はいるとき、
しらない ひとが ちかづいてきて
いっしょに はいろうとするかもしれません。
そばに だれも いないことを たしかめて
かぎを あけましょう。

かぎを あけるまえ

だれも いなくても インターホンを おす

いえに はいるまえに インターホンを ならして、 いえのなかに かぞくが いるように みせかけよう。

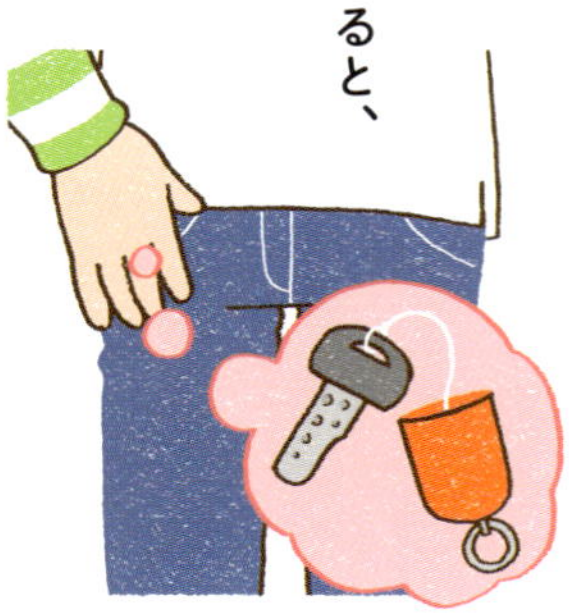

かぎは みえないように もとう

かぎを もっているのが みえると、 いえに ひとが いないと わかってしまう。 かぎは かばんや ポケットに しまっておこう。

まわりを よく みてから あける

かぎを あけたときに いきなり だれかが はいりこんでくる かもしれない。 まわりに だれも いないことを たしかめてから いえに はいろう。

かぎを あけたあと

「ただいま」と いって いえに はいる

おおきな こえで 「ただいま」と いおう。
かぞくが いえに いると おもい、
あやしい ひとが ちかづきにくい。

すばやく いえに はいる

うしろから きゅうに
しらない ひとが
いえに はいってくる
かもしれない。
ドアを あけたら
すぐ なかへ
はいろう。

ドアを しめたら すぐ かぎを かける

いえに はいったら、
すぐ、 かぎを かける
くせを つけよう。

そとに でるときは

ドアスコープを のぞいて、
そとに だれも いないことを
たしかめてから
ドアを あけましょう。
ドアを しめたら
かぎも わすれずに
かけましょう。

おうちのかたへ

子どもに鍵を持たせる場合、留守宅の子であることが周囲に知れぬよう、鍵に紐を付けて鞄の内側にたらしたり、服の下に隠して首からぶら下げたりする工夫が必要です。鍵を持っていることや帰宅後一人であることを、不用意に外で口外しないよう話しておきましょう。それを聞かれて尾行されたり、空き巣に狙われたりする危険があります。

また、門やしげみのかげなど玄関前の見通しの悪いところを一緒に確認をしておくとよいでしょう。家に入ると安心し、鍵をかけ忘れる子どもも多いようです。鍵をかけるまでは気を抜かないように言い聞かせてください。

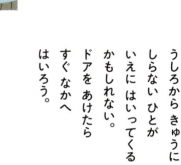

るすばんを している ときの ちゅうい

るすばんを しているときに だれかが たずねてきたら どうしたら いいのかな。ドアは けっして あけては いけないよ。

いえに おとなが いないと わかると わるいことを しようとする ひとが いるかもしれません。きけんなことが おきないように、るすばんのときに どうするかを かぞくと はなしあってみましょう。

チャイムが なっても でない

こどもしか いないと わかったら、わるい ひとが いえに はいろうと するかもしれない。かぎと ドアチェーンを しっかり かけて、かぞくが かえるまで いない ふりを しよう。

インターホンが なっても でない

しっている ひとでも ドアは あけない。モニターなどが あれば、どんなひとが きたのかを たしかめておいて あとで かぞくに はなす。

たくはいびんが きても でない

わるい ひとが たくはいびんの ひとの ふりを して、いえに はいりこんで くるかもしれない。こたえないでおこう。

でんわが なっても でない

いえに こどもしか いないと わかると、わるいことを しようとする ひとが いるかもしれない。でんわが なっても でないでおこう。

かぞくからの でんわが わかるように しておこう

でんわの あいての なまえが モニターに でるように しておいたり、るすばんでんわに セットしておき、かぞくから かかってきたら わかるように しておこう。あんしんして でんわを とることが できる。

もし でんわを とってしまっても ひとりだと いわない

おとなが いないと わかると わるいことを しようとする ひとが いるかもしれない。「おかあさんは いま、てが はなせません。こちらから かけなおします」と かぞくが ちかくに いる ふりを しよう。

こまったときは かぞくに れんらくしよう

かぞくの れんらくさきを メモしておき、こまったことが おきたら すぐ れんらくしよう。

おうちのかたへ

留守番をさせるときは、「チャイムが鳴っても出ない。知っている人が来てもドアは開けない」を徹底させましょう。やむをえず荷物の受け取りを頼む場合は、ドアチェーンをかけたまま応対するように教えておきましょう。来客の顔は、ドアスコープで確認すると居留守がわかってしまうのでモニターの方がよいでしょう。親の帰宅時も、モニターで顔を確認してからドアを開けるなどのルールを決めておくことも大切です。

留守中に困ったことが起きたらすぐ親に連絡ができるように連絡先をどこかに書いておきましょう。非通知の電話は繋がらないようにあらかじめ設定しておくとよいでしょう。

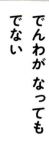

じぶんの みを まもる そなえ

もしも あやしい ひとが
めのまえまで ちかづいてきたら
とても こわいよね。
どうしたら みを まもれるかな。

**しらない ひとが あとを
ついてきたりして、
こわいと おもったときは
すぐ にげなければ いけません。
じぶんの みを まもるために
できることを かぞくと いっしょに
かんがえてみましょう。**

こわいと かんじたら にげよう

しらない ひとが
ちかづいてきたりして、
すこしでも きけんだと
おもったら まよわず
にげて おとなに
たすけを もとめよう。

ぼうはんブザー（↓146ページ）を ならして にげよう

なにか こわい めに あったら、
すぐに ぼうはんブザーを
ならして にげよう。

おおきな こえを だして にげよう

きけんだと おもったら
おおごえで たすけを
もとめながら にげよう。
「わー！」「きゃー！」と
さけぶだけでは
あそんでいるだけだと
おもわれることも あるので、
「たすけて！」などと
おおごえを あげよう。

たすけてもらえる ばしょに かけこもう

なにか あったとき、
にげこめる ばしょが
いろいろ ある。
そこに かけこみ
たすけを もとめよう。

なにか あったら すぐ かぞくに しらせよう

すこしでも こわいことや、
いやなことが
おきたときは、
かぞくに しらせれば、
どうしたらいいか
いっしょに
かんがえてくれる。

ふだんから できる そなえ

ひとりで いるより
だれかと いっしょに いるほうが、
こえを かけられにくい。
できるだけ かぞくや
ともだちと いっしょに
いるように しよう。

こわい めに
あったときには、
こわくて こえが
でないことも あるから、
おおきな こえを
だせるように
ようちえんや ほいくえん、
がっこうで
れんしゅう
しておこう。

おうちのかたへ

外で声をかけられるなどして、少しでも不安になったり、怖いと感じたりすることがあれば、大きな声でさけび、ためらわずに逃げるように教えておきましょう。そして、起きたことはすぐ親に報告するよう約束しておくことも大切です。しかし、いざという時に大声は簡単には出ないものです。普段から大きな声を出す練習をしておくとよいでしょう。また、逃げる時に速く走れる靴を選ぶことや、スカートの下にスパッツを着用したり肌の露出の少ない服を選んだりするなど、身につける物に気を配ることも大切です。よく見える場所に防犯グッズをつけることも安全のための一案です。

みを まもる どうぐや ばしょを しろう

こわい めに あったときに やくに たつ どうぐや ばしょを しって いたら こころづよいね。いくつ しって いるかな。

いつ どんなところで こわい めに あうかは だれにも わかりません。じぶんを まもるため、たすけに なる どうぐの つかいかたを しり、もちあるきましょう。まもって くれる ばしょを、かぞくと いっしょに かくにんして おくことも たいせつです。

みを まもる どうぐ

・**ぼうはんブザー**

おおきな おとを だして まわりの ひとに きけんを しらせる。

かばんの ベルトなど すぐ つかうことが できて、みえやすい ところに つけよう。つかいかたも れんしゅうして おこう。

おとが ちゃんと でるかどうか、いえで かぞくと いっしょに ときどき たしかめて おこう。

・**ホイッスル**

ふくと たかい おとが でて、まわりの ひとに きけんを しらせる。

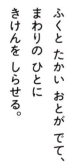

みを まもる ばしょ

●こども 110ばんの いえ

もしものとき にげこめば、まもってくれて、けいさつや かぞくや がっこうに れんらくを してくれる。コンビニエンスストアや えき、ガソリンスタンド、おみせにも ある。

●こうばん

おまわりさんが いつも いる ばしょなので たすけてくれる。

●こどもきんきゅう つうほうそうち

どうろや こうえんに たっていて ボタンを おせば おおきな おとが なり、あぶないことが おきているのを まわりに しらせてくれる。また、インターホンで おまわりさんと はなすことも できる。

●こうしゅうでんわ

おかねが なくても じゅわきを とって 「1」「1」「0」と おせば おまわりさんに でんわが つながる。あかい ボタンが あるときは それを おしてから 「1」「1」「0」を おそう。

おうちの かたへ

防犯ブザーはすぐに使える場所につけ、操作の練習もかねて音が出るかどうか定期的にチェックしましょう。子どもが現在いる位置を確認できるGPS機能のついた子ども用の携帯電話を持たせることも一案です。持ち込みを禁止している学校もありますので、あらかじめ確認しておきましょう。

名称は地域などによって異なりますが「子ども110番の家」というものがあり、その場所は個人宅であったりコンビニであったりします。自宅や学校・園の周囲を親子で歩き、そういう施設や交番の位置を確認してみましょう。公衆電話の緊急通報の使い方も教えておくとよいでしょう。

インターネットを あんぜんに つかおう

インターネットを つかうと なんでも しらべることが できて すごいね。 でも ルールを まもって つかうことが たいせつだよ。

インターネットは、なにかを しらべたり、しなものを かったり、ゲームを したり、メールを おくったり することが できます。べんりで たのしいものですが、たくさんの きけんも かくれています。インターネットを つかうときは かならず なにを するのかを かぞくに つたえてから つかうように しましょう。

インターネットの きけん

きづかないうちに おかねが かかっているかも

おかねが かからない ゲームだと おもって あそびはじめたのに、いつのまにか おかねが かかっている かもしれない。

しらないうちに だれかに わるいことを しているかも

いたずらや じょうだんの つもりで かいた ことばで、だれかを きずつけてしまうかも しれない。

いやがらせを されるかも

じぶんの いえの じゅうしょや なまえ、でんわばんごうなどの じょうほうが インターネットを つうじて しらない ひとに つたわると、わるいことに つかわれたり、いやがらせを されたりすることも ある。

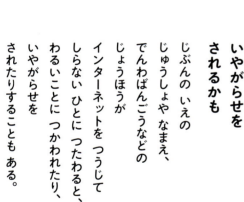

きけんを ふせぐために

しらない ひとから きた メッセージには へんじを しない

メールや オンラインゲームなどを して いて、だれかから メッセージが きても、どんな ひとか わからないので、へんじは しないように しよう。

ダウンロードするまえに かぞくに そうだんする

ダウンロードとは、インターネットに ある ゲームや、おんがく、しゃしんなどの データを じぶんの パソコンや スマートフォンに うつすこと。そのせいで パソコンが こわれてしまったり、おかねが かかってしまったり、じぶんの じょうほうが つたわって しまったりするかもしれないので、かってに ダウンロードするのは やめよう。

じぶんや まわりの ひとのことを かってに かかない

なまえや じゅうしょを かくときは、かならず かぞくに そうだんしよう。どんなひとが みているか わからないから しゃしんなども かってに のせない。ひとの わるくちも かいては いけない。

おうちの かたへ

子どもがインターネットを利用する時は、目的、利用時間などを事前に保護者にはっきり知らせる習慣をつけさせることが大切です。インターネットは、使い方次第で加害者にも被害者にもなり得るものですが、子どもにはまだ判断の難しいこともあります。そのため、インターネットの危険性を子どもにしっかりと教えたうえで、大人が見守ることも必要となります。日頃から子どもと向き合い、「違法ダウンロードはしない」「ネット上で知り合った人には会わない」といった約束事を決めておくようにしましょう。ウイルス対策などの環境整備も、定期的にしておくことが大切です。